田中宏昌
Tanaka Hiromasa

# 「国連運輸部鉄道課」の不思議な人々

## ――鉄道エンジニアの国連奮戦記――

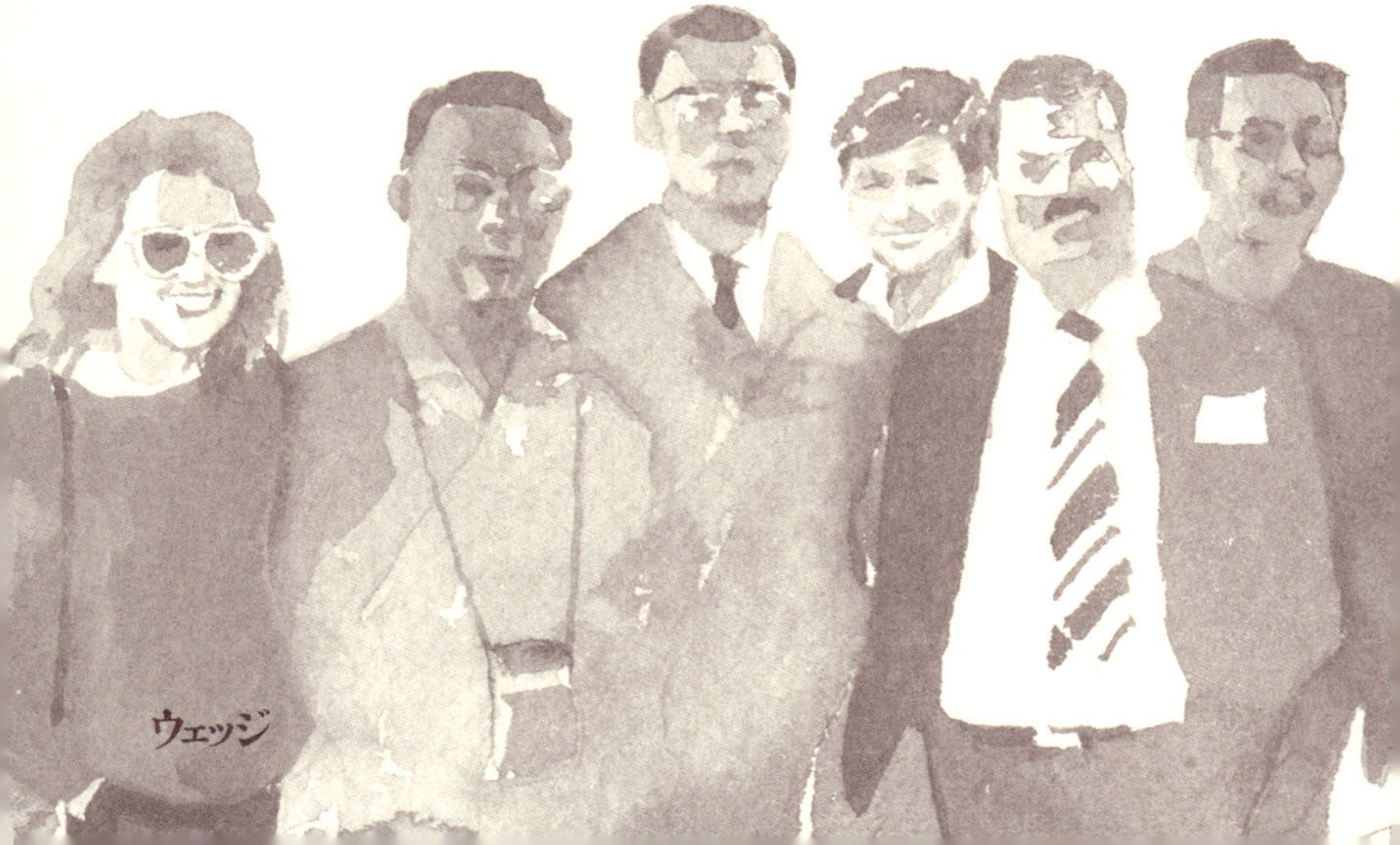

ウェッジ

# まえがき

国連時代の話を書こうと思い立ったのはごく純粋な動機からだった。一人の技術協力専門家の訃報に接したとき、彼の生きた証を書き残して人々の記憶に少しでも永く留めたい、と考えたからである。彼は国際化時代に通用する数少ない鉄道技術者の一人だった。しかも四十二歳という若さでの不慮の死はいかにも残念で、私をそんな行動に走らせた。

私が国連ＥＳＣＡＰ《エスキャップ》[註1]（アジア太平洋経済社会委員会）に勤務していた頃、彼は国連に派遣されたＪＩ《ジャ》ＣＡ《イカ》[註2]（国際協力事業団＝当時）の専門家で、お互いに文字通りの〝相棒〟だった。二人は一九八四年から六年近く、ほぼ同時期に同じ職場で過ごした。

当時は「国連中心主義」とか「国連重視の外交」という言葉をよく耳にした。日本政府は国連における日本のプレゼンスを増すため、国連の日本人職員数を「望ましい数[註3]」に近づけようと、熱心にリクルート活動を行なっていた。私はそんな雰囲気に押されるように、国連募集の誘いに応じたのだが、日本政府がこの専門家をＥＳＣＡＰに送り込んだのもそれとほぼ同時期だった。彼の任務は国連のアジア鉄道近代化プロジェクトを支援することで、この派遣も国連重視政策の一環だといっていい。

二人にとって、国連勤務は初めての経験だった。着任当初は期待に勝る不安の中で未知と遭遇する毎日だったが、隣室にいる相棒の存在を、お互いどんなに心強く感じたことか。

国連勤務を始めた頃「貧困は諸悪の根源」とか「貧困の撲滅」という言葉をよく耳にした。その内、途上国を訪れる機会があって、さまざまなかたちの子供たちとめぐり会った。幼子の手を引きながら観光客に小銭をねだる裸足の少女、交差点に止まる車のフロントガラスを素早く拭いて小遣いをせしめる少年、悪臭放つごみの山を掘って売れそうな何かを探す子供たち。彼らは誰もが一家の家計を支える立派な働き手だと知って胸を痛くしたものである。

これらの子供たちを取り巻く貧困は、豊かさを当然のごとく享受している我々日本人の想像を絶する。悪臭立ち込めるどぶの上のスラムで泥水を汲んで生活する光景に遭遇すると、「貧困の撲滅」が国連の重要課題の一つであることに一も二もなく納得した。

途上国の子供たちは、それぞれ厳しい環境の中でたくましく生きているが、もちろん自ら好んでこれらの環境を選んだわけではない。生れ落ちたところがたまたまそこだったというだけのことだ。子供には、生れる国も、民族も、環境も、その親さえも選ぶことはできない。

この子供たちに明るい、希望の持てる未来を拓くことが国連勤務者に与えられた課題だと理解して、二人の国連生活は一層充実したものになった。

彼は子供たちのいる情景に遭遇すると立ち去りがたく、いつまでも温かい眼差しを送っていた。健康に不安のあった彼の一人娘とこの子供たちを重ねていたように思われた。途上国の発展を手助けすることは、この子らの未来に希望を与えることであり、それは同時に自身の愛娘の未来にも希望を与えることだと彼は考えていた。

そう考えて、彼は技術支援が天職であるかのごとく活動した。アジアの技術者に知的ノウハウを伝え、成果を得ると受益者と手を取り合って喜んだ。請われてタイ国鉄電算化を指導していた彼の、打ち上げの日の笑顔。完成したＥＳＣＡＰ中国セミナーのレポートを配布しているときの満足した顔。極め付きは、三年以上かけて完成した《ＥＳＣＡＰ諸国の鉄道統計》の初版を出版し、アジア鉄道協力グループ会合を開催したときの、天真爛漫の笑顔である。彼はこの鉄道統計編纂の責任者だった。

もっとも、二人の国連勤務が全て順調に進んだわけではなかった。国連という人道的な組織に勤務する人々が必ずしも人道的であるとは限らなかったり、組織が予想外に硬直化し官僚的だったりしたからである。良かれと思って取り組んだ業務が一向に進展しなかったり、時には座礁してしまうことすらあって、二人を落胆させた。

例えば、他の部署の資料が欲しいとき、ここでは手紙（インターオフィス・メモランダム）を書いて部長の名前で請求する。要請された側も同様、部長名の返書を添えて資料を送付する。同じ屋根の下にいながらありふれた資料一冊手に入れるのに、人手と時間をかけ、まるで結納でも取り交わすような儀式を行なう。日本なら電話一本、一五分で済むところを数日かけることも厭わない。これが「国連の常識」だと聞かされて愕然としたものである。

爾来、行動する度に種々雑多な〝事件〟に遭遇し、二人は困惑したり苦笑したり、時には立腹したりしたものだ。新参者にとって、国連ＥＳＣＡＰは逸話に満ちていた。彼の訃報に接したとき、こんな彼と私の国連生活を描き始めたのである。

勤務の合間を利用しての作業のため四年ばかり経過した頃のことだ。ほぼでき上がった草稿を読み返してみて、私は心を曇らせた。

二人を取り巻く登場人物のことを憂慮したのだ。その頃、登場人物の大半は現役のままであったからだ。現職の国連職員が主役の人間模様抜きには国連の実際は語れない。しかしそれがゴシップ記事として扱われ、スキャンダルが独り歩きし始めて彼らの国連活動の足を引っ張ることは元より意図するところではない。私はこの事実に逡巡した。そして終に断腸の思いで出版を諦め、草稿はメモリーに入れ、文箱の奥底にしまった。

草稿のことを忘れかけていた数年前のことだ。バンコク仲間の同窓会で故人が話題になった。仲間は故人に関する執筆の中断を知って残念がり、もう時効だからと私に翻意を促した。実際、彼が他界して一五年ほど経過していた。登場人物はほとんど国連を退職しており、国連活動の障害になるはずがなかったのだ。

故人の関係者は無論、国連に関心を持つ人なら誰でも、人間模様を通して語る生身の国連には興味があるはずだ。そして読めば容易に国連の実際が理解でき、彼らに役立つに違いない。

そう思った私はメモリーを取り出し、再挑戦を試みた。原文に筆を入れ、国連の理想と現実の狭間で経験した数々の逸話を通して国連の人々を描くことに努めた。また、新しい事実を加えてカビ臭さを中和することも忘れなかった。但し登場人物は極力イニシャルかニックネームにして暈《ぼか》し、事実だけが浮き立つよう努力したつもりである。

本書は言わば、名もなき二人の中堅技術者が体験した、冷戦時代終焉直前の国連日記である。

「国連と言えば、紛争解決のような平和と安全に携わる国際組織だ、とほとんどの人は想像するだろう。しかし、国連資源の大部分は、実際には、経済的、社会的福祉が確保されてはじめて恒久的な平和と安全が達成されるという信念を実行するために使われている」と『国際連合の基礎知識』(国際連合広報局、世界の動き社)は述べている。

つまり国連活動は、テロや紛争の処理もさることながら、それらの温床となる貧困の撲滅に、より力点が置かれている、ということだろう。そして、その任務と権限は国連経済社会理事会にあり、ＥＳＣＡＰはアジア太平洋をカバーするその地域委員会だ。本書はＥＳＣＡＰが舞台である。

一向に改善されない南北間格差やグローバル化する社会経済問題を抱え、国連への期待がますます高まっている今日、本書に触発されて、一人でも多くの日本人が国連にチャレンジしてみたいと思ってくれれば誠に幸いである。

# 目次

# 「国連運輸部鉄道課」の不思議な人々

## ——鉄道エンジニアの国連奮戦記——

# プロローグ

## 1 寺院の木陰にて

喪服の人々が木陰に群れている。風が凪いでいた。熱帯の木立はどれも青々と生い茂って、鮮やかな葉陰を落としていたが、それでも汗は体の至る所から噴き出して、木陰の人々の白いハンカチがしきりに動いていた。

私は濃紺の背広を片手に抱え、喪のネクタイを緩めて木陰に立っていた。ここにいれば誰かに会えるはずであった。成田を発つときは肌寒く頼りなかった夏地の背広が、腕を包んで綿入れのように熱を保ち、厄介な荷物になっていた。

木陰から寺院の本堂や仏塔が見渡せた。本堂の切り立った屋根は朱い甍《いらか》で葺かれている。棟の先端にはどれも、ガルーダを模《かたど》った金色の鴟尾《しび》が紺碧の空に飛び立つように伸びていた。壁には鮮やかな模様が彩色されていて、寺院なのに陽気で楽天的でさえある。

寺院を仕切る塀からはブーゲンビリアの花が咲きこぼれている。塀の外には、膨大な力を秘めたバンコクの街並みが無秩序に広がっていて、南国の早い朝が始まっていた。路傍に並んだ屋台で朝餉を楽しむ人々、それを尻目に先を急ぐ人の群。路上には車が溢れ、街の喧騒がしきりに聞こえていた。

バンコクの街の全てが四月の溢れる光の中で影の部分を残して漂白されて見える。光の部分は焼けて昇華し始め、影の部分は膿んで発酵し始めているに違いなかった。

木陰の私は睡眠不足の希薄な意識の中で、昔と重ねながら朝の情景を眺めていた。そんなとき、不意にあの懐かしい香りを嗅いだのだ。それは出会い頭に打ち水を浴びせられたような不意打ちだった。バンコクの、あの忘れえぬ熱の匂いだ。

香りが過去の記憶を呼び覚ますという。その事実は開高健の『破れた繭』や芥川龍之介の「世之介の話」にも印象的に語られているが、そのときが正にそうだった。

たちまち、懐かしい過去が蘇る。私の中につむじ風が立ち、滓《おり》のように沈んでいた過去が色彩を帯びて舞い上がったのだ。私は片手で胸を押さえ、郷愁の痛みに耐えていた。

実はこのとき、私がバンコクを離れてから、まだ一年余りしか経過していなかった。国連の友人や日本人仲間に見送られてバンコク・ドンムアン空港を飛び立つとき、M君も夫人同伴でその中にいた。六年近い国連生活で彼は私の掛け替えのない相棒だった。二人は互いに助け合ってプロジェクトを担ぎ、幾つも実現してきた。また傷を舐めあって、国連の戦火や風雨を潜り抜けてきたこともあった。相棒とはそもそも、「一つの駕籠《かご》や畚《もっこ》などを一緒にかつぐ相手の者」（『広辞苑』）をいうそうだが、その相方が私の手を取ってこう言った。

「バンコクに是非また来てください。そのときは必ず連絡してくださいね。ホテルの予約も、空港の出迎えも全て私がやりますから」

彼の言葉を思い出しながら、私は紺碧の空に飛び立とうとするガルーダに向かって呟いた。

――M君。約束通り、バンコクにやってきたよ。しかし、君は出迎えに来なかった。ホテルの予約も車の手配も君はやってくれなかった。やむを得ず何もかも自分で手配してやってきた。もっとも、君はもう荼毘《だび》にふされているのだから、それは無理というものだ。近い将来、もう一度コンビを組んで国連ESCAPを活性化しようと約束していたことも、みんな反古《ほご》になってしまったね。

一九八四年七月の熱い午後、私はＥＳＣＡＰに赴任するためバンコクのドンムアン空港に到着した。期待に勝る孤独と不安を抱いてタラップを降りたとき、溢れる光の中で、濃密な熱気に圧倒されながら最初に吸い込んだこの匂い、これが私にとってバンコクの永遠の香りになった。ここでは熱が匂いを放つ。

当時、私の所属していた日本国有鉄道では、抜本的な再建計画について、政府を巻き込んだ熱い議論が始まっていた。雪だるまのように膨らむ累積債務の中で思い切った何かが必要だと誰もが感じていた頃である。

外務省から運輸省（当時）を通じて、ＥＳＣＡＰの鉄道課長候補を人選するよう、国鉄に依頼があったのは、それより二年近く前の八二年初秋のことだ。その頃の国鉄は世界一の鉄道技術に誇りを持ち、海外技術協力にも積極的に参入していた。ザイールの橋梁建設やアルゼンチンの鉄道電化などの技術協力に加えて、中国やタイ、ブラジルやボリビアなど、多くの途上国に鉄道専門家を派遣していた。

技術協力は途上国だけに止まらなかった。技術先進国米国の鉄道近代化にも協力していたのだ。当時、オイルショックを経験した米国は省エネ輸送機関へモーダルシフト（輸送方式の切り替え）しようと鉄道再生プロジェクトを幾つも抱えて、鉄道先進国に協力を求めていた。

日本は首都ワシントンからニューヨークを経てボストンに至る「北東回廊鉄道改良計画」への協力を始め、カリフォルニア、フロリダ、オハイオに鉄道専門家を派遣して要請に応えていた。

私はオハイオ州クリーブランド滞在中に国連勤務の誘いを受けた。この誘いは私の深層に潜在していた何かを呼び覚ました。社会人になって間もない頃、無断で青年海外協力隊に応募して上司からお目玉を食らった、叶わなかった昔の夢。その後日常の雑事にすっかり埋没し、忘れ去られていた青の時代の純粋が心の奥底で再び呼吸し始めた。国連の意義について語る上司の電話の声はたちまち私の琴線に触れた。気持ちが冷めないうちにと、送られてきた応募用紙に取り組み、彫心鏤骨《るこつ》の末、郵送した。

オハイオ高速鉄道プロジェクトは、クリーブランドから州都コロンバスを経てシンシナティに至る南北約四〇〇キロを新幹線で繋ごうという計画で、３Ｃ回廊計画と呼ばれていた。発案者のウィルコフスキー州議会議員は、不況のどん底に喘いでいたオハイオを救うため、豊富な埋蔵量を誇る石炭に目を付けた。まず、石炭を掘ることにより雇用を創出し、失業者を救済する。つぎに、その石炭を使って発電し、生じた電力で高速鉄道を走らせる。そうすれば道路から鉄道へモーダルシフトが生じ、石油の消費も減少する。つまり、失業救済とオイルショック対策の一石二鳥のプロジェクトだと彼は考えた。

——なるほど、これは立派なアイディアである。乗客を十分確保できれば、の話だが。

私は心の中で呟いた。

彼の熱心な説得が効を奏しプロジェクトは見事州議会を通過した。そして、建設資金捻出のための特別税として、セールスタックス一パーセント増税の可否が州民投票にかけられることになった。

コートの襟を立てて、春は名のみの冷たい風の中でこの地を踏んだのが昨日のことのように思われたのに、楡の木やホワイトオークが黄色く染まり、オハイオの早い秋が始まっていた。私は州議会に報告書を提出した後、請われてキャンペーン隊に加わった。隊と一緒にオハイオ州の主要都市を巡回し、計画の必要性を説いて回ったのである。

十月中旬に住民投票は行なわれた。結果は敗北だった。失業率が一〇パーセントに届くような不況下では、たとえ一パーセントといえども増税は理解を得にくい。三分の一強の賛成を得たのはむしろ上出来だ、と関係者は慰めあった。計画は無期延期となった。

私はそれから間もなく帰国した。国内で国際協力プロジェクトを担当しながら、国連の返事を待つことにした。

当時は国連外交を重視した中曽根康弘首相の時代であった。実際、国連予算に占める日本の分担金は年々増加を続け、八六年にはソビエトを抜き米国に次ぐ第二位にランクされている。ところが、当時の国連日本人職員数はわずか一〇〇名弱で、これは国連が分担金を基に算出した〝望ましい職員数〟の約半分に過ぎなかった。

そこで外務省は〝望ましい職員数〟に少しでも近づけようと、日本人職員増員活動を積極的に行なっていた。勿論、ＥＳＣＡＰ鉄道課長ポストもその一つだった。

運輸省も寡黙に座して待っているわけではなかった。ポスト確保に積極的に協力していたのである。例えば八三年開催のＥＳＣＡＰ鉄道担当大臣会議には、関谷勝嗣運輸政務次官（当時、後の郵政・

建設大臣）率いる政府代表団に私を加えた。お陰で運輸通信観光部長初めＥＳＣＡＰ関係者と会うことができ、情報交換のみならず自分を売り込む絶好の機会に恵まれた。ソビエト出身の鉄道課筆頭補佐とも知り会ったが、彼こそが最強の競争相手だと聞かされた。

しかし、何と言っても最大の収穫は、自分の目で直接国連活動を観察したことだ。これは国連概論初級講座とでも言うべき貴重な経験であった。

議事録作成会議《ドラフト・コミティ》ではこんなことがあった。フランス代表が手を挙げて発言を求めた。三十代後半の品のいいブロンドの女性である。名簿にはフランス運輸省補佐官とあった。

「本会議中、フランスと英国は同じ回数の発言を行なった。にも拘らず、議事録に取り上げられている発言回数はフランスが英国より一回少ない。これはアンフェアである。従って次の発言を議事録に追加し英国と同数にして欲しい」

会場は笑い声に包まれたが意に介せず、彼女は議事録に残すべき発言要旨を読み始めた。

「フランスはＥＳＣＡＰ活動に積極的に参加し、途上国支援に協力している」

この事実を印象付けること、そのため議事録に明確に残すことはフランスにとって国益なのだ。議事録の紙背にはＥＳＣＡＰメンバーである四十二の国と地域、世界人口の五六パーセントに相当する約三〇億人が存在する（いずれも当時）。フランスの態度には感心させられた。同時に国連の意義と活動の本質を垣間見たような気がした。

次に、日本大使館のＦ一等書記官が手を挙げて発言した。彼は運輸省出身のアタッシェ（大使館等で専門分野を担当する館員）だ。

「×ページ○行目の日本の発言箇所は実際の発言内容と微妙に異なっている。従って以下のように書き換えて欲しい」

こう前置きした書記官は用意した英文をゆっくりと読み始めた。議事録担当《ラポルトゥール》は暫く原案と新しく提案された文章を読み比べていたが、英語は自分の母語でないので、と前置きして、香港代表の英国人にコメントを求めた。

英国人は読み比べた後立ち上がって、二つの文章の意味はほとんど同じであると発言した。議事録担当は一件落着とばかりに喜んだ。そして、お聞きの通りなので原文のままで行きたいと日本に了解を求めた。これを聞いたF氏は笑みを湛えつつ断固として発言した。

「香港代表から有難いコメントを伺った。二つの文章がほとんど同じなら、私が提案した文章に変更しても何ら問題ないということだ。従って私の提案に変更していただきたい」

会場は爆笑に包まれた。議長もつられて笑ったが、結局F氏の意見を受け入れた。

この一件はとても強く私の印象に残った。私なら簡単に妥協してしまうところを、F氏は妥協しなかった。議事録の微妙な表現までなおざりにせず、粘り強く渡り合っている姿に感銘したのだ。

さて、ポストは空席のまま年が改まり、オハイオで国連応募の打診を受けてから二年近く過ぎ、熱意も意欲も萎えかけた頃になって、「健康診断の結果次第で採用する」という通知が届いた。八四年初夏のことである。

しかし、当時の国鉄にとってこの歳月は長すぎた。「倉廩《そうりん》実ちて礼節を知る」と言うが、最近まで正義であった国際協力などという礼節は最早その地位を失っていた。

私は、外務省や運輸省担当者からの祝福を、複雑な気持ちで受け止めていた。鉄道の未来に大きな何かを予感させる山鳴りを聞きながら日本を離れることになるという、何ともやるせない気持ちが一方にあったからだ。たとえ維新の志士たれずとも、しっかと眼を見開いて歴史の変革を見届けたいという気持ちは、鉄道を愛した人なら誰の心にもあったはずである。私は、この採用の知らせを、理性で受け付けながら感情で拒んでいた。

それに国鉄の人事担当も冷えきっていた。この重要なときに国連赴任だなんて、と不平を述べて私を困惑させた。国連でいくら勤務に励んでも、国鉄問題とは無縁のことだ。それどころか、年金など私にかかる経費ですら無用の出費だ。あからさまにこう非難する人事担当の立場も分からないではない。考えてみれば、お互い辛い立場なのだ。

バンコクまで六時間のフライトは、複雑に揺れ動く心の旅でもあった。本線から外れてローカル線に入っていく列車の旅のような気がしたり、前線を離脱する傷病兵のように思えたりした。もっと大袈裟に言うと、忠と孝との狭間に身を置いているようなものだ、人類の平和か組織の再建か、インターナショナルかドメスティックか、理性か感情か、などとも考えた。今冷静な心で考えると羞恥で顔を覆いたくなるような、混乱したそのときの心理状態を、まるで昨日のことのように思い出す。

そして、期待と不安を抱いて辿り着いた遥かな国、そこで最初に嗅いだこの灼熱の香りは、爾来私の心に特別の意味を持った。これは私の、忘れえぬ「バンコクの香り」なのだ。

入国審査の長い列と旧式の税関検査に少々うんざりしたあと、古くて大きな木製のドアをくぐり抜ける。すると、柵越しに群がった迎えの人々の群れと対峙する形になる。まず人の多さに圧倒される。そこはもう〝微笑みの国〟、異国情緒溢れるバンコクの世界だ。

柵沿いに進むと、人垣から身を乗出して手を振っているM君が見える。彼の、人懐っこい、はにかんだような笑顔を見つけて、私は安堵した。柔道で鍛えた彼の体軀は、比較的スリムなタイ人の中ではよく目立った。

太く逞しい腕で私の首にジャスミンのレイをかけながら、彼はこう言った。

「やっと着きましたね。みんな、課長の着任を心待ちにしていますよ」

この言葉は、新しいステージの開幕を告げるベルのように、爽やかに響いた。そうだ。ここには沢山の人々が私の着任を待っている。後ろ髪を引かれている暇などないのだ。

M君と最初に出会ったのは国鉄本社の海外技術協力室だった。隣席の車両技師が、国連からの返事を待っていた私の所に彼を連れてきたのである。

車両技師はM君を、自分と同じ車両屋だが我々より一〇歳ほど若い昭和四十八年入社だ、と紹介した。それから今は情報システム部でコンピューター技師をやっているが、将来はESCAP勤務を希望している、考慮に入れておいてくれないか、と頼んだ。

車両技師によると、M君はオレゴンの大学に留学しマスター（修士）を取得しており、語学の心配はないそうである。それに、留学中の恋が成就しタイ女性と結婚しているので、バンコク所在のESCAP勤務には打って付けだ、と付け加えた。

なるほどそれは申し分のないバックグラウンドである。私は車両技師の傍に立っているM君を改めて観察した。一八〇センチ近い身長に九〇キロ近くありそうな堂々とした体格に加えて、優しそうな丸い目と髭の濃さが印象的である。黙っていても十分国際的に通用しそうな第一印象であった。彼にはスケールの大きな、天空海闊《かいかつ》の雰囲気が漂っている（実際、彼のこの国際派の風貌と物にこだわらない性格は、その後の国連勤務に随分と役に立った。彼はどこの国の人にも受け入れられて、ESCAP域内国に沢山の友人をつくった）。

その頃、国連ESCAPは、域内国の鉄道近代化計画のため、日本とフランスに専門家派遣を要請していた。要請を受けた日本政府は、国鉄から推薦された候補者をJICAの派遣前研修に送り込み、既に準備を進めていた。そこでM君には、あと二、三年すればその後任が必要になるはずだ、可能性は十分にある、と話しておいた。ところが運命とは不思議なものである。その派遣候補者が出発直前に病に倒れ、入院してしまったのだ。

事務局から代役の相談があったとき、私は迷わずM君を推薦した。彼は直ちに海外協力室勤務を発令され、派遣前研修に入った。そして私より一月ばかり早くバンコクへ飛び立った。つまり、私が彼を箱崎で見送り、その一月後に彼が私をバンコクで出迎えることになったのである。

“the beginning of a beautiful friendship”

これは、確か、映画『カサブランカ』の台詞の一節だったが、我々の友情は、まさに、ここから始まったのだ。

頬に微風を感じて私は思わず樹冠を見上げた。そよ風が梢を渡り始めている。風に誘われるように喪服の人々が、三々五々、本堂の方に移動し始めている。私は木陰から白暑の中に飛び出すのを逡巡していた。木陰の外は綿雲が浮ぶ紺碧の空と、光と熱の燦爛《さんらん》である。

熱帯地方に住んでいると、木陰から太陽の放射の下に飛び出すのは、オアシスから灼熱の砂漠に踏み出すほどの勇気と決断がいるものだ。熱帯の木陰はそれほどに爽やかで心地良く、去りがたいものだった。

例えば、炎天の直射と歩道の照り返しに焼かれながら交差点の街路樹の下に駆け込む。信号を待ちながらハンカチ片手にふと見上げると、光を遮る木の葉が何種類もの緑の濃淡を作って風に揺れている。まるで緑の万華鏡の中にいるようだ。木漏れ日が藻に戯れる熱帯魚のように木の葉の中で踊っている。火炎樹やタマリンドの繊細な葉陰、柿の葉に似たモモタマナの濃密な日陰、淡紅色の花を咲かせたオオバナサルスベリの可憐な花陰、どの木陰も心地よいオアシスで、私はその清々しさを楽しんだものだ。そんなときは決まって街の喧騒が消え、私の中にヘンデルの「オンブラ・マイ・フ（懐かしい木陰）」が流れ始めるのだった。澄んだメゾソプラノが唄う。

私の愛するプラタナスの美しい若葉よ……
木陰の中でお前ほど懐かしく、優雅で
心地よいものはなかった（註1）……

私はあの頃のように、「オンブラ・マイ・フ」のメロディが流れるのを待った。やがて、梢をわたる風に促されて歌は私の中を流れ始めた。が、調べは低く重く緩やかで、とても物悲しいものだった。まるでレクィエムを聞きながら冬枯れのプラタナス並木を歩いているようだ。そう考えながら、「オンブラ・マイ・フ」の調べに合わせて、礼拝堂の方へ歩き始めた。

## 2
## 礼拝堂にて

黄衣をまとった一〇人の僧侶が祭壇右側の高座に一列、胡座《こざ》で横向きに座っている。正面には、蘭の花に囲まれたM君の写真が参列者に笑いかけている。

やがて読経が低く静かに流れ始めた。僧侶たちの斉唱は清澄かつ重厚で僧院聖歌隊を思わせた。

目を閉じて耳を澄ますと、中世の教会で聞くグレゴリオ聖歌のようだ。

私はM君夫妻に招かれた、Oホテルでのロイクラトーン祭りを思い出していた。あれは着任して二年目の十一月下旬のことだった。ロイクラトーンは陰暦十二月の満月の日に行なわれる宗教的な祭りで、日本のお盆によく似ている。ホテルの庭園は、護岸すれすれまで水を湛えたチャオプラヤ(メナム)川に面していて、ここから精霊船が流された。蠟燭の灯を灯した色とりどりの精霊船が、様々な思いを載せて暗い水面に送り出される。精霊船は行き交う船の波に揉まれて、不器用に揺れながら、川面の闇の中に拡散していった。

「十二月の満月の夜、私たちは男も女も、灯籠を流してロイクラトーンを踊る
ロイ、ロイ、ロイクラトーン……」

庭園の中に造られたステージでは、ロイクラトーンの歌に合わせて盆踊りが始まっていた。何人もの男女が輪になって、指の表情豊かに、楽しそうに踊っている。ロイとは浮かぶこと、クラトーンは灯籠のことだと教えられた。

「タイには墓や仏壇を持つ習慣がないから、遺族は遺灰を集めてチャオプラヤ川に流します。この川はタイの人にとって『聖なる川』なのです」

そう教えてくれたのはM君だった。今日はその当人の納骨式なのだ。

冷房のないホールは全ての窓が開け放してあったが、空気は澱んで動かなかった。手に持ったハンカチはすっかり汗を吸って、絞れば水滴がポタポタと滴るほどになっていたが、構わず汗は体中

から噴き出して背筋や水落ちを流れた。しかし、不思議に不快感はなかった。むしろここに埋没することによって、心の平安を得ていた気がした。

夕べほとんど眠っていない私に、時間の経過とともに睡魔が襲っていた。ゆったりと大河の流れるような読経の調べに加えて、粘性のある熱気が揺り籠となって、睡魔は私をしきりに誘った。睡魔の手のうちに引き込まれる瞬間の心地良さと闘いながら、何度も頭を揺らせては持ちこたえた。

それにしても何と慌しい一週間であったことか。電圧の低下した頭脳でここまでの出来事をなぞってみた。

彼が水死したという知らせを受けたのが四月十四日、日曜日の夕刻である。ソンクラン（水かけ祭）の休暇中に家族と出かけた旅先での事故だという。十三日の昼過ぎ、旅の途中で立ち寄った湖で、一人娘にせがまれて足漕ぎボートに乗ったそうだ。娘とタイ人のベビーシッターと彼の三人が乗り、夫人は湖畔で待っていた。ボートは少し沖合まで進んでからUターンを始めたが、そのとき何故か傾いて水が入りだし、あれよ、あれよという間に沈んでしまったという。それを見ていた夫人の助けを求める声で何艘かのボートが救助に駆け付けたそうだ。彼は必死で支えていた娘とベビーシッターが助け上げられるのを見届けてから、力尽きて沈んでしまったと電話は伝えた。四十二歳の若さだった。

彼の葬儀に参列することに決めると、翌日から情報収集やホテルと足の確保に動いた。しかし、肝腎の告別式の日程がいつまでも決まらなかった。

「一般に、タイでは通夜に日数をかけます。徳の高い人ほど長く行なわれるというから、夫人の親族は少しでも長く通夜を続けたいでしょう。一方、日本から参列するM君の親族にしてみれば、家を空けたり、会社を休んだまま、いつまでも滞在はできません。それに、高齢の御両親にとって、タイでも最も暑い四月の気候では、数日が限度だと思います。間もなく折合いがつくはずです」

というのが海の向こうからの繰り返される返事だった。

こうなったら、あとは自慢の勘に頼るしかない。私は仕事の都合を考慮しながら、お通夜に一週間を加算し二十日の土曜日が告別式だと予測した。二十日の朝からでも間に合うようにフライトは十九日の夜の便と決めた。

全てが整った出発の前日になって確定の情報が入った。告別式は十九日、その後荼毘に付され納骨式は二十日の朝と決まった。予定通りバンコクにお出かけになっても大丈夫です、納骨式には間に合います、と国連職員の高津俊司さんが電話の向こうで慰めてくれる。残念ながら告別式には間に合わないのだ。

単身赴任のアパートで旅の荷造りをしていると、明日は出発だというのに少しも心が飛翔してこない。逆に雨季の空のように、低く重く垂れこめてくるのだった。ボストンバッグに詰めようと久し振りに取り出した洗面セットや旅行用の薬箱、目覚まし時計やパスポート・ホールダー、どれも国連時代に使っていた品物ばかりで当時の懐かしい思い出が見え隠れする。それに、日本にいる当時の仲間から次々に預かった香典袋の運び屋を、他ならぬ彼のために務めなければならない旅が、パステルカラーで彩られるわけはなかった。

荷造りが一通り終わった頃、妻が電話をよこした。私が落ち込んでいるのを察していたのである。私が確定したスケジュールを手短に説明すると彼女は溜息混じりに呟いた。

「それじゃあ、バンコクに着く頃はもう荼毘に付されているのね」

この一言は私を一挙に突破した。胸の中でじっと動かずにいた過飽和の均衡は、彼女の一言が触媒となって崩壊した。私ははらはらと涙を流した。

出発の日、東京駅の地下ホームで妻と待ち合わせた。あわて者を心配した妻が成田までの見送りを主張して譲らないのだ。やむをえず、一七時三一分発・成田エキスプレス37号の指定券を二枚手に入れた。これで行けば空港に約一時間後に到着、鉄道は正確だから一九時五五分発のフライトに余裕を持って間に合うはずであった。バンコクへの手土産を少々購入する位の時間さえ生み出せる、と踏んでいたのだ。

ところが、こういうときに限って、数年に一度あるかないかのアクシデントに遭遇するものである。目指す列車は予定時刻を過ぎても来なかった。一〇分程放送に耳を傾けつつ待ったが知りたい情報は何一つなかった。三〇分待ってだめなら、一か八かタクシーで行ってみようと話していると、一八時〇一分発の成田エキスプレスが先に出ると放送があった。ともかく一歩でも成田に近づくことだ。こう考えてこれに飛び乗った。幸い、この列車は時刻通り東京駅を出発した。これでまずは一安心。三〇分位の遅れなら、途上国の空港で幾多の難関をかい潜ってきた経験からさほど困難ではない。こう言い聞かせて自らを落ち着かせた。

列車は東京駅に続くトンネルを抜けてからも快調に走り、江戸川を渡って千葉県に入った。しかし、稲毛に近付いたころから次第に徐行を始め、千葉駅の手前で停止して動かなくなった。五分、一〇分と時間が経つに従って、じっと座っている心境ではなくなってきた。突風のため成田付近で樹が倒れ、線路を支障したため列車が乱れている、と車内放送があって原因は知れたが、いつ成田に到着するのかは引き続き不明だった。

私はごく自然にM君を呼んでいた。彼は笑顔で現れた。

――なあ君、これじゃ飛行機に間に合わないよ。これは君に別れを告げに行く旅じゃないか。もう一度だけ助けてくれないか。これまでしょっちゅう助け合ったではないか。頼むから列車を動かしてくれ。

列車は再び動きだした。しかし、動くと見せてはまた止まり、失望させると見せて微かな望みを抱かせるように動き始めるのだった。

列車は結局バンコク便の出発時刻の約五分前に成田駅に到着した。しかし、諦めずに最後の五分に賭けてみることにした。飛行機に遅れは付き物だ。重いバッグを小脇に抱えてホームを走った。妻が後に続く。改札を抜け、人をかき分け、階段やエスカレーターを脱兎のごとく駆け上りながら、心の中で叫び続けた。

――頼むぞ。飛行機を出さないでくれ。

バンコク便カウンターに辿り着いたのは、出発時刻の一九時五五分頃だっただろうか。カウンターには誰も見当たらず、火の消えたようにひっそりしている。私は別の便に携わっている同じ航空会社の職員に声をかけて、列車が遅れて今到着したが、何とかバンコク便に乗れないだろうか、と懇願した。心優しいこの女性は、直ちに、出発ゲートに電話をして、可能性を確かめてくれた。

「幸い、飛行機はまだ離れておりません。待たせてありますので急いでチェックインしましょう。パスポートとチケットをお願いします」

女神は間違いなくこう言った。私は予定通り、バンコクに旅立てることになったのだ。欣喜雀躍。私は心の中で何度も叫んでいた。

――M君、コップン・クラップ（有難う）。

出国ゲートに辿り着くとどのゲートも三〇人程の列ができている。一人二〇秒かかるとして約一〇分。さすがにそこまで私の便が待ってくれる保証はないだろう。そこでやむを得ず、国連時代に途上国で学んだ奥の手を使うことにする。

まず列の先端に足を運ぶ。このとき恥かしがってはいけない。次に、列に並んでいる前部の人や出入国管理官に聞こえるように多少大きな声で、しかし丁重に、列車が事故で遅れたこと、飛行機が自分の到着を待っていることを説明する。それから先に行かせてくれるようお願いして一礼するのだ。途上国ではまず成功する。幸い、初体験の成田でも寛容な態度を示してくれて割り込ませてくれた。そしてゲートを通過。苦難の末に、やっと機上の人となった。

バンコク・ドンムアン空港の二階から国道と鉄道線路を跨ぐ跨線橋を通って、直接エアポートホテルのロビーに入れる。チェックインを終えて部屋に入ったときはもう午前三時（バンコク時間の午前一時）を遥かに過ぎていた。テレビは既に放送が終わっていてフライト案内だけが画面に映っている。めまぐるしい一日で少々興奮しているのに加えて、もう荼毘に付されているはずの友の思い出が胸を去らず、とても眠れそうになかった。

そのために用意しておいたウイスキーをかばんから取り出した。どうせ眠れぬ最後の夜だ。睡魔が私を襲うまで、友と一杯酌み交わそう。これが彼との永遠の別れの杯だ。

テーブルの上からトロピカルフルーツの入ったバスケットや皿を片付けた。それからウイスキーとミネラルウォーター、それにグラスを二つ並べた。二つのグラスにウイスキーを注いでグラスをあわせるとクリスタルな響きが深夜の小部屋にこだました。

グラスを口に運ぶ。強烈なモルツの香りが喉を通り過ぎると水を流し込む。これを繰り返す度に彼とのいろんな場面が浮んでは消えた。

あれはＥＳＣＡＰ主催の軌道保守セミナーを中国で開催するときだった。彼は前日から三八度を超える熱を出し、顔を真っ赤にしてオフィスにやって来た。心配して声をかけると「大丈夫。ここの風邪は薬を飲めば直ぐ熱が下がります。明日にはよくなりますから」と言って無理に笑顔を作って見せ、それからふらふらしながら中国へ旅立っていった。

誰かがセミナーの指揮をとらなければならない。私は今のところ健康だし、それに土木工学が専門だから、私と代わるのが一番素直なのは分かっていた。ところが、当時国連には私が使える旅費が一銭もなかった。結局、彼の背後のＪＩＣＡの支援に頼るしか方法がなかったのだ。あのときの彼の赤い顔とふらふら歩く後ろ姿は少々滑稽に見えたが笑えなかった。私は心の中で彼の後姿に頭を下げていた。

アルコールの香りと汗の臭いに誘われて蚊が何匹か集まってきたが、騒がずそっとしておく。輪廻転生、Ｍ君が蚊に姿を変えてやってきたのかもしれない。今日は好きなだけ刺されてやろう。それから、殺生を避けることはＭ君のための「タンブン」（功徳）だ、とも考えた。

タンブンと言えば、こんなＭ君の思い出があった。バンコクに着任して間もない頃、Ｍ君と日本からの来客を案内したときの話である。彼に導かれて、寝仏で有名な寺院ワット・ポーを訪れると、境内に露店が出ていて小鳥を売っている。殺生を嫌う仏教寺院に馴染まない風景だと不思議に思っていると、Ｍ君が「タンブン」だと言う。

「人が功徳を施せば、その善行の結果として仏のご利益がある。信心深いタイの人々はこう考えています。そこで善行を積みたい参拝客は、小銭を払い、籠の小鳥を手に入れる。それから願いをこめて、小鳥を逃がしてやるのです。この小鳥屋はタンブンを商売にしているのです」

Ｍ君は笑顔でこう言うと自ら鳥籠を一つ買った。それから蓋を開いて小鳥を解き放した。小鳥は嬉々として舞い上がり、空の彼方に飛び去って行った。「子供ができるよう願をかけた」と言って照れたＭ君の表情が瞼に浮かぶ。

こうして彼の思い出を肴にひと時を過ごし、眠りについたのは明け方近くなってからであった。

辺りが何やら騒がしくなったので霞のかかったような頭で我に返った。見ると、読経を終えた僧侶たちに食事や供物を捧げているところであった。参列者が順番に僧侶たちの前に何か一品を捧げては合掌している。私もM君の夫人に勧められて列に加わった。私のための供物もあらかじめ用意してあった。

納骨式は、こうして参列者全員がタンブンを行って終了した。正午すぎであった。

私は夫人に励ましと別れの言葉を述べてから昔の仲間と外に出た。M君が健康を心配していた愛娘、命と引き換えに助けた一人娘と思しき少女を見かけた。五歳になっているはずであったが、元気そうな姿を見て何となくホッとした。

私は、仲間とタイ料理の昼食をとったあと、久し振りにESCAPを訪ねてみた。

ESCAPは官庁街の一画を占める国連ビルの中にあって、UNDP（国連開発計画）やILO（国際労働機関）等の国際機関と同居していた。官庁街を南北に貫くラジャダムナーン北通りはタマリンドの美しい並木道で、北の突き当りには公園に囲まれた旧国会議事堂があった。国連ビルの北側にはこの通りを直角に横切ってクローン（運河）が走っている。クローンの両岸は見事な火炎樹の並木が続いている。毎年五月になると、火炎樹は文字通り炎のように咲き乱れて、灰色に澱んだ水面を艶冶《えんや》に赤く染めていた。が、今はちらほらと蕾が開き始めたばかりだった。土曜の昼下がり、人《ひと》気《け》のない国連ビルに入ってみた。

国連ビルはエレベーターホールを中心にして、東棟と西棟に分れている。運輸通信観光部（以下、運輸部）は五階の西棟を占めていた。五階の東棟は天然資源部である。運輸部の入口を入ると、左右の窓際に職員用の個室が並んでいるのが見通せた。右即ち北側の突き当たりの広い部屋が部長室になっている。秘書やタイピストたちはそれぞれ、直属上司の部屋の前に机を配し、部屋を背にして来客を迎えるように座っていた。パーティションやロッカーで仕切り、みんな上手に居心地良い仕事空間を作っていた。

私の部屋は南側の中ほどに位置していた。M君の部屋はその奥隣りである。二つの部屋は安普請の壁で仕切られていた上に、入口が隣り合っていたから、急ぐときは席に座ったまま大声を出せば用が足せた。

今、かつての私の部屋には後任のソビエト人が移ってきていた。昔の自室をそっと開けてみる。久し振りに見る部屋はすっかり簡素で綺麗になっていた。机や椅子は当時と同じ物が同じ位置に配置してあったが、机の上には何一つ置かれていなかった。私の時代には机に山のような資料が積んであった。それに、急ぐ書類が机上に広げてあった。

あの頃、部屋の壁に沿って所狭しと並べられていた書棚は半分以下に減っていて、その分部屋が広く見える。それに書棚の上に積み上げてあった沢山の段ボール箱や印刷物の保管箱もすっかりなくなっている。倉庫然としていた私の部屋は清潔な一流会社の課長室に変身していた。

隣のM君の部屋も覗いてみる。ここは現在も日本人の鉄道技師が使っているせいか、当時の面影をほとんど残したままだった。彼の部屋は私の部屋より一回り小さい上に、やはり沢山の書類が保管されていた。大柄のM君が入口に向かって座っていると、書庫の番人か古本屋のおやじのようだと笑ったものである。机の横には、欧米人がするように、いつも愛妻の写真が飾ってあった。混沌を背景に、一輪の花のようだったと記憶している。そう言えば、子供が生まれてからは、愛娘の写真が小さな花の蕾のように加わった。その愛娘が生まれる前は「子供の名前」に関する本が数冊、厳めしい鉄道技術書の横にそっと立てかけてあって、昼休みや手の空いたときは嬉しそうに眺めていた。揶揄《からか》うと、やっと授かったのでね、と言ってM君は照れた。その子供の名前の本は、あるときから何冊かの小児科の本に置き換えられたが、今でも八六年のそのときのことをよく憶えている。

ある日の朝だった。いつものように私の部屋に顔を出したM君に一言、苦言を呈したことがあった。彼とコンビを組んで以来、初めての経験だったが、彼が我々との時間外交流を突然避けだしたからである。日本からの来訪者との交流会や定例ゴルフ会などに、彼はことごとく顔を出さなくなったのだ。

M君は、どう弁明するか言葉を探すように沈黙を続けた後、重い口を開いた。

「申し訳ない。実は娘に健康上の問題があって……。やっと授かった子供なのに。それで、今それどころでなくて……」

見ると彼の丸い両の目には涙が溢れ、やがて頬を伝って落ちた。私は慰める言葉がなかった。この朴訥な男の中に幼子を思う父の優しさを感じながら、彼に苦言を呈した自分を恥じていた。

それから彼はゴルフ競技から足を洗い、呑み会の数も減らした。愛娘に付き添う時間をできるだけ増やしたかったのだ。我々は無論彼を理解し協力した。ただ、彼は娘の病状についてあまり語りたがらなかった。我々も彼を思い、多くは尋ねなかった。

彼の行動の変化は仕事に取り組む姿勢にも現れた。発展途上国の技術協力に以前にもまして熱が入り始めたのである。スラムの裸足の子等を見ると立ち去り難く、慈しむように眺めていたのもその頃からだった。

あの頃はそうだった。二人が仕事に行き詰まると、どちらかが「助けの要る人、できる人」と呟いた。するともう一方が「世の中、人間、この二種類」と相槌を打つ。それから顔を見合わせ、笑みを交わして踏ん張ったものだ。

私はこの都々逸《どどいつ》みたいな合言葉が好きだった。世の中は、「助けを求めている人」と「助けることができる人」の二種類で構成されている。世の中の人は誰もがこのどちらかに属している。しかも、今助ける側にいる人があるとき助けられる側になったり、助けられる側の人が助ける側になったりするのだ。二人はこう考えていた。

当時の二人は、途上国の貧困からの脱出に関して、助けのできる側にいた。そして、技術支援という形の助けを行なっていた。助けの要る（発展途上国の）人々を、である。

もっとも、M君は（助けのいる）愛娘のことを思ってこの言葉を口ずさんでいたに違いなかった。

技術書の横に並んだ何冊かの医学書を見るにつけそう思ったものである。

国連の勤務は朝七時半に始まったが、いつも六時四五分頃には出勤していた。バンコクの悪名高いラッシュアワーを避けるためである。それに昼休みを少し長めにとるためのエクスキューズでもあった。

オフィスに着くとまず日本の新聞に目を通した。一日遅れの新聞は前夜、クーリエ（航空国際宅配便）で国連ビルに配送されていた。日本の約三倍と高価なために、新聞は日本人職員数人で共同購入しており、年長者の特権か、私から読み始めることになっていた。新聞は、読み終わると直ちに隣りへ回し、その後、協同購入者を順次回覧されていった。

南に面した部屋の窓から士官学校と寄宿舎が見下ろせた。私はこの部屋にいたあの頃よくしたように、ブラインドの隙間を指で広げて外を覗いてみた。あの頃は毎朝七時半になると、決まって楽隊を先頭に学生の行進が始まった。ラジャダムナーン北通りに面した運動場を半周した後、長い国防色の帯になって大通りに出ていった。旧国会議事堂の近くにある校舎まで、数百名の行進である。彼らは半袖の制服にGIハットを被り、皆左手に黒い鞄を下げていた。七列縦隊の行進であったから車道はほとんど占領されて、車の群れはのろのろと行進の後に従った。タマリンドの並木にシロホンや小太鼓がこだましてのどかな行進であった。そのうち、士官学校は郊外のどこかに移転して、学生も行進も見られなくなった。

八時近くなるとコーヒーサービスのカートがやってきた。売子は若いタイ女性で、歌うように「コーヒーはいかがですか（カフェ、アゥマイカッ）」と言ってドアから顔を覗かせた。実際、タイ語の抑揚は歌のようだ。五バーツ（約二五円＝当時）のコーヒーは決して美味しいものではなかったけれど、笑顔につられて毎日飲んでいた。

一一時半になると、部の日本人同士連れ立って昼食に出かけた。国連ビルの中には職員のための食堂が三種類あったが、我々はみんなタイ料理専門の食堂が好みであった。食堂の入口を入るとスパイスの利いたタイ料理の香りに包まれて、たちまち唾液が口に溢れた。カウンターにはいろんな種類のタイ料理を盛り付けたバットが並んでいた。スペインのバールのような様式である。私は大皿に白い御飯を盛り、この上にバットから二、三品、料理を選んでのせてもらうのが好きだった。パサパサしたタイ米が、これら料理のスープに味付けされて、何とも旨い。これが、タイ人のごく一般的な食べ方のようである。タイ料理といえば麺類を忘れるわけにはいかない。まず、タイラーメン。麺は日本のよりやや細めで、スープはナンプラ（魚醤）で味付けされている。チャーシューの代わりに魚のすり身で作った白い団子がいくつか入っている。この歯応えがいい。支那竹は見掛けないが、パクチー（香菜、コリアンダー）の葉がちりばめてあって薫りがいい。これで八バーツ（約四〇円）。こんなに旨いのに驚くほど安い。麺はこの他、米粉で作ったもの（クィティォ）が豊富で、ソーメンのように細いもの（センミー）からうどんのように太いもの（センヤイ）まで揃っていた。昼はいつも楽しく待ち遠しいひと時であった。

食事を終えると部屋に戻ってシエスタ（昼寝）を楽しんだ。席に座り、木製の椅子に両足を載せて、全身をリラックスさせるとすぐ眠りに落ちた。熱帯地方では、タイでもラオスでもベトナムでも、皆よく昼寝をするらしい。郷に入れば郷に従えである。

私は懐かしい椅子に腰を下ろして、昔の感触を確かめてみた。それから、あの頃のように靴を脱いで足を木の補助椅子に載せてみた。体を伸ばしてリラックスさせるとタイムスリップして、まるであの頃にいるみたいだ。耳を澄ませば、隣からM君の寝息が聞こえてきそうであった。目を閉じると、たちまち心地好い睡魔の誘惑に引き込まれていった。

# 第1章

# ユダヤ人と
# ソビエト諜報部員

## 1
## へそ曲がりのユダヤ人

シエスタの眠りに誘い込まれていく心地好さを楽しんでいると、ノックと同時にドアが開いた。私は至福のひと時を邪魔された不機嫌を押し殺しながら首を起した。見るとファラン（タイ語で白人のこと）が上半身だけ戸口に入れて覗き込んでいる。M君と私が密かに「ベンダさん」と渾名《あだな》している同僚のアメリカ人だった。昼休みに部屋のドアが閉まっていれば、ここではまずシエスタだと考えそうなものを、この人には他人の都合などどうでもいいらしい。

バンコクに着任して直ぐ、シエスタの効能を教わった。外の熱暑とビルの冷房を何度も繰り返せば肉体に〝金属疲労〟が生じる。この南国特有のトラブルから身を守るにはシエスタが一番、それも一五分程度が適当だ、と友人は薦めた。なるほど、体験してみると効果がある。熱帯特有のけだるさや疲労感が和らぎ、午後の業務に気持ちよく取り組めるのだ。

「来週から、君がオフィサー・イン・チャージに任命されるという噂だが、本当か」

靴を履くため屈みこんだ私の頭上に、ベンダさんは不躾《ぶしつけ》な質問を浴びせてきた。声帯に異常がありそうな、掠れた高い声である。しかも声は後頭部から発せられているようで、聞き取りにくい。

――来た、来た、やはりやって来たぞ。

と、私は心の中でつぶやいた。部長室に呼ばれたときから、ベンダさんとの間にひと悶着あるなと予感していたからである。

オフィサー・イン・チャージとは部長代行のことだ。出張など、部長の不在時にはその代役が必要である。何故ならESCAPの規程では、部から発信される公文書や手紙はすべて部長名でなければならない。また、定例幹部会《シニアスタッフ・ミーティング》には誰か部の代表が出席しなければならない。ここでは、部長不在中の代行発令は必要不可欠な事務的行為だった。

私はベンダさんの質問にどう答えようか逡巡していた。彼が有名なトラブルメーカーだと聞かされていたからである。

部長秘書のタイ人が私を呼びにきたのは、一週間ほど前の午後のことだ。部長室に入ると、南アジア出身のE部長は私を愛想よく迎えて、椅子を指差しながら座れと言う。私は机を隔てて部長と向かい合う形で腰を下ろした。部長室といっても、私の部屋より幾分広いだけの殺風景な部屋である。壁には絵画どころかカレンダー一つかかっていないし、机には黒い電話器が一つ、机の片隅を占めているだけだ。部長との歓談中、何度か電話が鳴ったが、そのベルのけたたましいこと。それに電話の音量がいっぱいに調整されているらしく、相手の声が私の耳元まで鮮明に届いた。

部長は外交官として駐英大使館に長く勤務していたそうで、癖のない英語を話した。七三に整えた灰色の頭髪、着こなしのいいグレーの背広。皮膚の色を除けば、彼は立派な英国紳士である。ただ、彼のぎょろりとした眼の落ち着きのない動きが気にかかる。

「着任してどれくらいになるか」まず、部長は質問した。

それから、住居はどこに決めたか、家財道具は到着したか、車と運転手は手配したか、と矢継ぎ早に質問し、最後に、「もう落ち着いた《セトル・ダウン》か」と尋ねた。

「はい。どうにか落ち着きました」と最後の質問に答えると、「それならもう大丈夫だな」と笑顔になって、本題を切り出した。

「実は、この十月中旬から一週間ほど海外出張を予定している。その間、君にオフィサー・イン・チャージをやってもらいたい」

なかなか手馴れた導入の仕方である。

「えっ。部長代行ですか」

私は大げさに驚いてみせた。そんなことだろうと予想していたが、素直に反応していては相手の術中にはまるだけだと考えたからである。

部長代行とは聞こえは良いが、中身は雑務掛である。私にはそんな時間的余裕はなかった。その頃、プロジェクトの構想をいくつか持っており、具体化を急いでいた。雑務掛よりもっと生産的に時間を使う必要があったのだ。

加えて、私の国連経験の浅さがある。国連に着任して数ヶ月では部長代行はまず無理だ。第一、国連のルールがよく分からない。他の組織ならいざ知らず、官僚的だと評判のこの国連で、ルールに精通していなければ、武器を持たずに戦場に赴くようなものだ。

その上、言葉の問題もあった。ＥＳＣＡＰにはアジアのみならず世界中の人々が勤務している。つまり、国や民族の数だけ異なったアクセントの英語が飛び交っている。それらの英語が理解できないと、会議に出席しても議論に参加できない。それに内容が正確に理解できないと、部に帰っても正しく情報伝達が行なえない。これでは恥をかくだけだ。そう説明して部長の要請を断った。

私の弁明にじっと耳を傾けていた部長は笑顔を作り、「なんだ、そんなことか。君はそんなこと、何の心配もしなくて良い」と私の言い分に、全く取り合おうとしなかった。部長代行期間中、総務担当のタイ人が責任を持って相談役を務めるから大丈夫だ、と言うのである。

総務担当とは、王族に縁《ゆかり》があると噂されるタイ人のことだ。彼は映画『王様と私』でシャム王を演じたユル・ブリンナーの印象を持つ、仕事のみならずスポーツにも秀でた紳士だった。

幹部会ではその彼を私の後ろに座らせて、必要の都度、アドバイスを送らせる。議事録もすべて彼に取らせる。部長はそう確約した。

私は座っているだけでいいのだそうである。何という至れり尽くせりのサービスではないか。これでは、ランクが下といえどもブリンナー氏が直接、部長代行をやれば良さそうなものだ。

そこで私は問題のベンダさんを持ち出してみた。彼には悪意はないが、部長の反応をちょっと、確かめてみたかったのだ。

「運輸部には私より相応しい人がいるではありませんか。あのアメリカ人です。彼なら国連経験も豊かですし、第一言葉の問題がありません。それに彼が部長代行になればブリンナー氏を煩わすこともなくなると思いますが」

実際、ベンダさんのランクはＰ－５で私と同じだが、ステップは私より経験年数分だけ上であった。それに彼は私より何歳か年上である。従って、常識的には彼が部長代行に任命されるべきだ。私は本心からそう思っていた（参考までに述べると、私の国連一年目はランクがＰ－５、ステップは１。つまりＰ－５－１であった。その後一年ごとにステップは上がり、帰国する６年目にはＰ－５－６になっていた）。

部長は腕を組み、眉間に皺を寄せ、言葉を選びながら私の提案に反論した。

「彼か。彼は駄目だ。君も少しは彼の噂を聞いているだろう。彼は前の部で部長とぶつかり、いたずらに業務を混乱させた。そこで苦渋の選択で私が引き取った。《運輸通信の十年《ディケード》》(註1)プロジェクトを担当させるという名目だ。しかし彼は運輸の専門家でもないし、部長代行を任せるほど信頼もして《アンリライ》はいない《アブル》。そんなことより部長代行は早いうちからやっておいたほうが良い。その分だけ早く国連の仕事を覚えるし、名前も売れる。これは君にとってまたとないチャンスだ。君はむしろ、幸運が巡ってきたと感謝すべきだ」

部長はどう抵抗しても自説を変える気配はなかった。無知で従順な私を部長代行に指名することによって、己の不在中の安心を担保しようとしているのは明らかだった。

無駄な抵抗だと悟った私は「二、三日考えさせてほしい」と言って部長室を出た。それから何度か部長室を覗いたが、部長はいつも不在で、案件をペンディングにしたまま今日に至っていた。

そのアメリカ人が今、私の目の前に立っている。言葉のやり取りを一つ間違えれば嵐が吹き荒れるに違いなかった。

「おっしゃる通り、先日、部長から部長代行をやるように依頼された。しかし、即座に断った。いろんな理由を述べて断ったが、どう断っても部長が了解しないので、正直閉口しているところだ」

私は素直に、ありのままを答えた。するとベンダさんは私に、国連に来て何年になるかと質問した。すべて承知の上での質問で、精一杯の皮肉だと思われたが、三ヶ月弱だとこれにも素直に答えた。

「なるほど。三ヶ月弱か。そいつは大変だ」

ベンダさんは満足そうにコメントを発し、冷めた一瞥を投げるとくるりと背を向けた。私は少々腹が立ったので、彼の背中に言葉を投げ返した。

「その通り。私には深刻な問題だ。でも、こうなった責任の一端はあなたにあると思いますよ」

ベンダさんはこちらに向き直り、目を丸くして、なぜ自分に責任があるのかと尋ねた。

「運輸部の部長代行は、ランクから見ても経験から見ても当然あなたがやるべきです。ところが、《運輸通信の十年》プロジェクトであなたが忙しそうにしているから部長は遠慮せざるを得なかったのですよ」

ベンダさんは、自分の方が上官だと認められたので安心したのか、急に表情が穏やかになった。

「勿論、忙しいのは事実だ。しかし、部長代行をやれないほど忙しいとは思っていないが」

と、彼は弁解した。

「いや、部長にはあなたがとても忙しそうに見えるのですよ。あなたが席の暖まる暇もないくらい、あちこち飛び回っているから」

私は、席にいないことの多い彼を皮肉った。

「あなたも忙しいでしょうが、私だって大変忙しい。中国で《鉄道コンテナ》のセミナーを開催しなければならないし、それに、インドもＥＳＣＡＰ加盟国を招いてセミナーを開催したいと要請している」

ベンダさんは、私の決して流暢でない英語に、何度か割って入ろうと試みたが、私は構わず話し続けた。私は声量なら自信があった。彼の頭のてっぺんから発するハスキーヴォイスでは、いくら流暢な英語でも割って入りにくかったはずである。

「部長は、今回ばかりは部長代行を押し付けるかもしれません。しかし、その惨めな結果を見て、この発令が失敗だったと自分の非を悟るでしょう。そして、二度と私を部長代行に指名しなくなるでしょう。その後は貴方にお願いしますよ」

私は締めくくりにこう言ってベンダさんを立てた。

「話は分かった。あなたが部長代行になったからといって、協力しないとは言っていない。ただし、あの部長はスライ（sly）だから、十分注意した方がいい」

と言い、機嫌よく右手で挨拶しながら、ドアを開け放したまま出て行った。

遠くで電話が鳴っている。静かな昼休みのひと時である。辞書でslyを調べてみると、「悪賢い、陰険な」とあった。

彼が多忙でないことは、運輸部の人なら誰でも知っていた。しかし、私はそうは言わなかった。平和な関係を維持するため、皮肉は込めたものの、彼の人格は努めて尊重したつもりである。

ベンダさんが出て行ってほっとひと息ついていると、隣の部屋からM君が、両手をズボンのポケットに突っ込んだ得意のポーズで入ってきた。彼も、私とベンダさんのやり取りにシエスタを邪魔されたらしい。そして、二人の会話に聞き耳を立てていたらしい。

「ベンダさんの突進をうまく交わしましたね」

彼は、にやりとしながらこう言うと、シエスタ用の木製の椅子を机の前に戻して腰掛けた。

「私が嫌だと言っている部長代行をベンダさんはやりたがっている。それなのに何故、部長は彼に任せないのだろう」

素朴な質問をM君にぶつけてみた。

「ベンダさんに任せれば、彼の余裕時間が有効活用できるし、ブリンナー氏を煩わすこともない。そして私はプロジェクト作りに時間が割けるし、彼との人間関係に波が立つこともない。八方丸く収まると思わないか。ベンダさんはそんなに油断も隙もない男なのだろうか」

M君は返答に窮して、目で笑いながら黙っていた。

ベンダさんはもともと開発計画部に所属していた。その頃、開発計画部には年齢もランクも似通った南アジア出身のエコノミストがいて、二人はずっと一緒に仕事をしてきた。当時の二人の仲は悪くなく、仕事上でも協力し合っていたという。ところが、何年か前、このエコノミストはニューヨークに転勤になった。国連本部に引き抜かれたのだ。それから数年、彼は本部で経験を積み、評価を上げ、本部勤務という箔までつけてESCAPの開発計画部長として戻ってきた。勿論昔の仲間は彼を歓迎した。しかし、これはベンダさんにとって愉快なことではなかった。彼には、昔の同僚を上司として迎えるだけの包容力がなかった。彼は臍を曲げてしまい、仕事に真面目に取り組む熱意を失った。そればかりか、新部長の足まで引っ張り始めたという。最近まで同僚だった新部長に対して、突然、〝サー〟を使うようになったのも嫌味からだと思われた。特に彼の、部長に発する〝サー〟は、ハスキーの上に、わざと喉を詰め、奥の方から絞り出すように発声するので、作為的で、明らかに敬意よりも侮辱に重点が置かれていた。私自身、部長代行中に何度か、この、喉の奥から発する〝サー〟を浴びせられたことがあったので、新部長の不愉快な気持ちはよく理解できた。

この二人の関係は時間と共に悪化をたどっていった。この頃のベンダさんは、新部長を苛めることに生き甲斐を感じていたのではないだろうか。

困った新部長はＥＳＣＡＰのトップであるキブリア事務局長《エグゼクティヴ・セクレタリー》に実状を訴えて善処を求めた。事務局長は事態を憂慮し、解決策を模索した。その結論というのが、二年間の期限付きとはいえ、ベンダさんを《運輸通信の十年》の担当として運輸部に異動させる人事だった。

それにしても、厄介者と承知しながら、Ｅ部長はなぜベンダさんを引き取ったのだろう。問題を開発計画部から運輸部に移しただけではないか。

秘書たちは、策士の部長のことだから裏取引がなかったはずがないでしょう、と含みのある言い方をする。また、六十歳近かった部長の定年延長と取引したのでは、という人もいたが、真実は不明だった。

「そもそもベンダさんはオランダ系ユダヤ人だ。彼はオランダで生まれ育ったが第二次世界大戦中ナチスの迫害を受けた。両親は殺害され、生き残った彼はアメリカの親戚に引き取られ、孤児として育った。彼の、あの屈折した性格はそうした生い立ちの所為だろう」

ブリンナー氏は思いやりを見せつつ、彼の生い立ちをこう語ったことがある。そう言えば、彼の名前はオランダ人によくある名だ。

不幸を経験した人が、自分と同じ苦しみを他人に経験させたくないと考える。そして、敢然と活動する。そういう例はいくつもあるが、彼の場合は不幸が発散せずに、内に籠もってしまったらしい。

ユダヤ人といえば、日本ではベストセラー『日本人とユダヤ人』の著者イザヤ・ベンダサンが有名である。

「著書には『愚かなる者の唇は、自分を捕える罠となる』という古きユダヤの賢者の言葉が紹介されている。この箴言を彼が知っていれば、仲間と諍いを起こすこともなかったろうに」

こう話すと、M君はそれを無視して、「『ベンダサン』とは『Bender さん』をもじったペンネームじゃないでしょうか」と面白いことを言い出した。辞書で bender を引いてみると、「大酒飲み」「飲兵衛」などという訳がある。『日本人とユダヤ人』の著者は日本人だという説があるから、ひょっとすると酒好きの著者がペンネームを「飲兵衛さん」と洒落たのかも知れない。二人はこんな冗談を言い合って笑った。ところが辞書にはもう一つ、「曲げる人（もの）」という訳もある。すると「Navel Bender さん」なら「へそ曲りさん」ではないか。私たちが彼を「ベンダさん」と呼び出したのはこんな経緯からである。

## 2 ソビエト諜報部員のスパイ活動

ベンダさんが一言物申しにきたのは、実はこのときが二度目である。最初は着任間もない八月上旬のことだ。彼は開け放していたドアからノックもせずに入ってくると、ワープロを打っていた私の前にすっくと立ち、出し抜けにこう言った。

「君はソビエト人と親しく付き合い過ぎる」

ソビエト人とは鉄道課の筆頭補佐のことだ。彼とは、つい最近まで課長ポストを競っていた間柄だったが、今は同じ課の同僚である。それにしても自分の同僚と親しく付き合い過ぎるとはどういう意味だ。二人の間を嫉妬しているのか。一瞬こう考えて、きょとんとしていると、更にたたみかけるように話を続けた。

「彼が君の部下なのは知っている。しかし彼はソビエト軍情報部GRUの中佐だ。この話、聞いたことがあるだろう」

年長のベンダさんに敬意を表するため、私は椅子から立ち上がった。

「彼はソビエトの諜報部員、つまりスパイだ。スパイが国連職員に姿を変えて潜入しているというのに、君を見ていると無防備で、警戒心がまるでない」

「……」

「そのうち、君も総会《コミッション》などに出席することになる。そうすれば分かることだが、国連はESCAPといえども、東西両陣営の鬩《せめ》ぎあいの場だ。東側は、自分たちの社会主義が正義で、西側の資本主義は悪だと主張する。そして自分の利益のためならどんなことでも利用する。彼に足元を掬われないよう気を付けることだ」

「おっしゃることはわかるが、いったい彼とどう接しろと……」

私は思いがけない言いがかりに面食らって、恐る恐る尋ねた。途上国の技術支援に来たはずなのに、いきなり東西冷戦に引きずり込まれたらしい。

「まず、彼をじっくり観察することだ。そのうち、彼のもう一つの顔が見えてくるだろう。例えば、国連の場を利用した情報収集活動だ。これは比較的早く観察できるはずだ。日常茶飯事だからね」

ベンダさんは得意げに語った。私は中佐の淡青色の奥まった目と人を刺すような目の光を思い浮かべた。

「集めた情報はソビエト大使館経由でモスクワの翻訳センターに送られ、直ちにロシア語に翻訳されて関係者に配布される。つまり、世界中の最新情報を国連という組織とその通信費を使い、手っ取り早く入手する。これもGRUの使命の一つだ。もう一つの顔を知れば、君も彼との接し方が変わるはずだ」

「国連で、そんな最新情報が集まるのでしょうか」

彼はその質問を待っていたかのように答えた。

「いい質問だ。例えば、機関紙や専門誌を片っ端からチェックする。そして役立ちそうな国際会議を見つけるとその事務局に国連の名前で資料請求する。相手はまず間違いなく資料を送ってくる。誰だって、国連が人道的な目的に使用すると思うからね。そこがソビエトの付け目なのさ」

私は思いもつかない事実に驚いて、思わず唸り声を上げた。確かに、運輸部の閲覧室には世界の主要な専門誌が展示されている。それに、日本の鉄道技術研究所など、著名な研究機関の月例報告書や年次報告書もずらりと並んでいた。彼はきっとこの中からも、役立ちそうな情報を手に入れているのだ。国連の名前を使えば、先端技術情報を手に入れるのは簡単なことかもしれない。それにしても、こんな国連の利用方法があるとは、なんという抜け目のない国だろう。

「御忠告ありがとう。十分注意しましょう」

私は素直に礼を述べた。

「君に話したいことはまだ色々ある。折に触れてアドヴァイスしてあげよう」

ベンダさんは先輩の貫禄を見せて、掠れた笑い声を残しながら出て行った。

後日、中佐のことをブリンナー氏に確認してみると、中佐が情報将校であることは公然の秘密だと言う。それに、中佐は国連のみならずタイ国軍の情報収集にも関与していて、タイ情報部にもその名が知られているそうである。

その頃、国連におけるソビエトの諜報活動が、西側諸国にとって不愉快な問題になりつつあったのは事実である。問題はＥＳＣＡＰだけではなかった。エスカレートしていく東側のスパイ活動は遂には新聞にも報道されるようになる。例えば、翌年の日本の新聞には「国連のソ連職員はスパイ？」と題する以下のような記事が掲載されていた。（「日本経済新聞」一九八五年六月八日付）

ソ連は国連に八〇〇人近い職員を送り込み、人事配置を思いのままにしてソ連の宣伝や諜報のために活動させている——スパイ事件で騒然としている米国の議会が六日、「国連事務局におけるソ連の存在（プレゼンス）」と題する報告書をまとめた。（中略）

報告書をまとめたのは上院の情報特別委員会。それによると、国連関係機関にソ連から派遣された職員は合計七七三人（うち国連事務局は四六九人）。その約四分の一が諜報部員もしくはＫＧＢ（秘密警察）かＧＲＵ（赤軍情報部）の任命した人物で、ソ連人職員はＫＧＢの要求に応じなければならない、という。（以下略）

中佐が属するＧＲＵとはどんな組織でＫＧＢとどう違うのか。疑問は深まるばかりだが詳しいことは誰も知らないようだった。

たまたまあるとき、トム・クランシー著『レッド・オクトーバーを追え』（井坂清訳、文春文庫）の中に、ＧＲＵがソビエト軍情報部という訳で登場するのを発見したことがあった。同書によれば、ＧＲＵの役割はアメリカ国防情報局（ＤＩＡ）に相当するが、ＤＩＡより大きく、より活動的だという。更に、海軍その他の軍の保安防諜はＧＲＵの担当であり、レッド・オクトーバーの亡命に関し、ＧＲＵが責任を問われることになる、ともあった。

現実とフィクションの世界、共にＧＲＵが途方もなく深く暗い闇の世界らしいことを想像させた。レッド・オクトーバーといえば、この本を英文で読破したという外務省国連局（当時）の課長と昼食を共にしたことがあった。運輸省の友人が昼食に招いて、彼を紹介してくれたのである。ホテルニューオータニに近い瀟洒なフランス料理店であった。

食事中の話題がソビエトの諜報活動に移ったとき、外務省氏は笑みをたたえながら私にこう警告した。

「ＧＲＵはとても怖い組織です。貴方の弱みを握ろうと既に活動を開始しているかもしれませんよ。弱みを握られたら大変です。後は恐喝されて、死ぬまで彼らの言いなりにならざるを得ませんからね。いかがわしい場所に出入りするのは避けた方が身のためです。特にバンコクではね」

もちろん、私を揶揄《からか》うつもりの脅かしだと感じたが、急にフランス料理の香りが失せ、料理の味がしなくなったのを憶えている。

いずれにしても、ＧＲＵは世界中に網を張り巡らした想像を絶する組織だと推察された。どうやら私は突然、００７の世界に入り込んでしまったらしい。

それからというもの、荒々しくドアが開けば銃を構えた殺し屋を、風が窓を叩けば窓から飛び込む諜報部員を想像して、どきりとしたり、そんな緊張を楽しんだりした。

街に飲みに出かけてもそうだ。街のコーナーごとに後ろを振り返り、時には電光石火で物陰に潜んでみたりした。それからそっと辺りを探り、中佐か中佐の手先が尾行していないか確認した。もっとも、私に気づかれるほどヘボな東側のスパイがいるわけはないし、それに私を尾行しても、特段の役に立つまい。

M君にこのことを話すと、そんな私の恰好を一度見てみたかった、と言って腹を抱えて笑い出すのだった。

「ネガティヴに考えていてはつまらない。もっと前向きになりましょう」

楽天的な彼はこう言って、それから自称前向きなる自説を披露した。

「何はともあれ、中佐と親しくしておくと将来役に立ちますよ。ご存知のように、北方領土四島は日ソ中立条約がまだ有効だった頃にソビエトに占領されてしまったでしょう。占領されたのは確か八月二十九日、日本がポツダム宣言を受諾した戦後のどさくさですよ。あの国は約束も秩序も平気で無視する国です。ですからそのうち、北海道にも侵略してくるかもしれません。そのときは偉くなった中佐が助けてくれますよ。彼と仲良くしておきましょう。私は北海道出身で両親や親戚がまだ北海道にいますから」

彼は真面目な顔で冗談を言っている。今度は私が腹を抱えて笑い出す番だった。

ブラインドの隙間から、雨季の弱い日差しが漏れている。日差しの長さから、今日の仕事は間もなく終わりにしようと考えた。勤務時間はとっくに過ぎていた。来週からは気の進まぬ部長代行である。

まだ三ヶ月弱しか経過していないというのに、着任前に描いていた国連とは異質の国連が日増しに姿を見せてくる。「信頼できない《アンリライアブル》」と言われたユダヤ人、情報将校のソビエト中佐、それに「ずる賢い《スライ》」と罵られた南アジア出身の部長。私とM君を取り巻く〝国連劇場〟には個性豊かな役者が揃ったものだ。いや、観客席の我々二人も何時ステージに引き上げられるか。これから先、一体何が勃発するやら。

# 第2章

# 助けの要る人、できる人

## 1 鉄道課の仲間

国連ESCAPの運輸部には総務課、総合交通計画課、鉄道課、ハイウェイ課、通信課、観光課の六課が存在し、国連職員や派遣専門家、秘書などのサポーティング・スタッフを合わせると合計三二名の人々が勤務していた。

鉄道課はその中でも最も大きな組織で、しかも非常に充実した人材を擁していたと自負している。メンバーは私の他、筆頭補佐のソビエト中佐、オーストリア女性のエコノミスト、派遣専門家として日本からM君の他、フランス国鉄から信号通信専門家、西ドイツ国鉄から車両専門家が三年から五年の予定で派遣されていた。

フランス国鉄の専門家はフランス語の鉄道（chemin de fer）をもじってシュマン博士、西ドイツ鉄道の専門家はドイツ語の連邦鉄道（Bundesbahn）をもじってバーン博士と呼ぶのがM君との暗号になっていた。彼らは二人とも工学博士である。

工学博士号といえば、この二人に加えてソビエト中佐もそうだ。それに、M君は米国の修士号を取得していたから、博士号も修士号も持っていないのは私とオーストリア出身の女性エコノミストだけだった。

鉄道課にはこの他三人の女性秘書が所属していた。二人のタイ人とインド人で、彼女たちを加えると鉄道は合計九名の陣容である。

なお、ここで言う派遣専門家（Non-Reimbursable Loan Basis Expert 略してNRL）とは、国連の要請を受けて、支援国が全額費用負担し国連に派遣した専門家のことである。彼らは皆、専門分野の豊かな経験と知識を持っており、実戦向きの技術者ばかりである。この専門家こそが私の充実した国連活動を支えてくれた技術支援集団だった。

余談だが、技術者が国際社会で活躍しようと思うのなら、博士号を取得しておいたほうがいい。

日本では名刺に印刷する以外、あまり価値がないように見える。しかし、国際舞台に出ると博士の称号は頻繁に使用され、役に立つ。例えば博士号取得者が国際会議に出席したとする。すると出席者リストの表示から司会者の紹介、席上に置かれた名札までも全て「Dr.」をつけて取り扱われる。招待状などの手紙まで「Dear Dr.」で始まる。

一方、当時の私のように博士号を持たない人は全て「Mr.」で処理される。例えば、会議場で、部下の欧州人三名がドクターで紹介された後に課長の私はミスターで紹介される。ワンランク軽く見られているような、肩身の狭い思いを何度となく経験したものだ。

そこで、国連勤務を終えて帰国した後、意を決して博士号を取得することにした。勿論勤務の合間を利用しつつである。ところが日本でのドクター取得は予想外に時間的、肉体的負担を強いられることが判明した。真偽の程は不明だが、ソビエトでは海外勤務者のために、比較的簡単に博士号を取得させる制度があるという。また、西ドイツのバーン博士は同僚の道路専門家のことを「あいつは駅に列車が止まっている間に博士論文を書いて投函した」とよく揶揄していた。

冗談はさておき、ESCAPを見渡すと、欧米人に博士号取得者が比較的多いのに比べ、日本人にはほとんどいなかった気がする(私の知る限り、天然資源部プロジェクト担当部長の小出重明氏だけだった。彼は博士に相応しい知識と教養で仲間や部下の尊敬を集めていた)。その理由は取得の難易からきているのでは、とついつい疑ってしまうのだが……。

日本にも海外で活躍する人のために、もう少し容易な博士号取得の道があれば、国際協力に優位

国連主催の野外パーティ。鉄道課の仲間と著者（中央）

鉄道課の仲間を招いた自宅でのパーティ

に働くのではないだろうか。

## 2 中国とインドの難題

もし人の体に例えるなら、運輸部が担当する運輸と通信は血管と神経にあたる。つまり、道路や鉄道は体の血管だと考えていい。血管が十分に機能しないと、酸素や栄養が体の隅々まで運ばれず、健康な肉体が損なわれる。同様に道路や鉄道が健全に機能しないと、人や物資を運搬できず、国の力は興らない。

鉄道の統計をとるということは、人間ドックで尿や血液のデータを採取して、身体の状態を調べ、記録するのと同じことで、非常に重要かつ意味がある。今までにも、加盟国がそれぞれ独自のやり方でとった鉄道統計は存在した。しかし、これらは、各国ばらばらの条件と定義で集めた統計であるため、比較に堪えなかった。つまり、血圧に問題があるのはどこの鉄道で、コレステロールに問題があるのはどの鉄道なのか、加盟国どうし比較のしようがなかったのだ。

何故同じ条件のデータでなければならないか。これは次のような交通事故の死亡統計の例でみると分かりやすい。

一年間の交通事故死者は日本の場合一万人前後（当時）といわれているが、この数字は事故から二四時間以内の死者を指している。もし、この統計が三〇日以内、あるいは一年以内だったらどうなるか。こんな関心に応える記事が、少し古いが「読売新聞」（一九九四年一二月一四日）にあった。

一九九三年の交通事故死者は一万九四二人とある。もちろん、これは警察庁集計の二四時間以内の統計である。ところが、これを三〇日以内に広げると一万三二六九人に達する。約一・二倍の数字である。さらに、事故から一年以内の死者統計も厚生省（当時）にあり、それによると一万五一九三人だという。警察庁の統計の約一・四倍近い、大きな数字である。これ以上の統計はなさそうだが、これを五年、一〇年と広げれば、言うまでもなくこの数は更に膨らんでいく。

交通事故統計を二四時間以内とした意図は知る由もない（ひょっとすると、少なく見せたいためかも知れないが）。しかし、少なくとも統計は定義を統一しないと比較に堪えないことが、この例でご理解いただけると思う。

アジア地域の信頼できる鉄道統計をとりたい。そのためには、まず定義の統一から開始しなければならない。そんな経緯から、ＥＳＣＡＰの中に、アジア・太平洋鉄道協力グループ（ＡＰＲＣＧ、以下「アジア鉄道協力グループ」と呼ぶ）を組織し、活動を開始することになった。そして、Ｍ君はここにやってきた。

彼が着任すると、フランス国鉄から赴任していた専門家シュマン博士は大いに喜んだ。アジア鉄道協力グループは発足以来、統計の他に国際鉄道輸送の効率化と促進、共同研究の推進、グループ内の標準化、更に都市交通といった分野まで推進しようと欲張るものだから、シュマン博士は孤軍奮闘していたのだった。

「ムッシュMは情報システムの専門家だから、統計を主体にやってくれないか。国際鉄道輸送はヨーロッパ出身の私のほうが適任だろう。経歴から見て、都市交通は課長、あなたにお願いしたい。後はお互いが協力しあって進めよう。統計も国際鉄道輸送も、みんなアンポルタン（important）だからね」

と、彼がフランスなまりの英語で提案して、それぞれの役割分担は簡単に決まった。

M君は毎日がにわかに忙しくなった。その年二度にわたって開催されるグループの統計幹事会《サブグループ・ミーティング》で議論するための、「統計項目とその定義」の叩き台作りで頭が一杯になった。幹事の中国やインド、タイと緊密に連絡を取りながら、彼は山のような作業を崩しにかかった。

ところで、アジアまたは世界各国を網羅する鉄道統計がこれまで存在しなかったというのは誠に不思議な話である。それは、鉄道を含む陸上交通を担当する国連の専門機関が存在しなかったからではないか。

参考までに述べると、UIC（国際鉄道連合）という鉄道の国際組織が存在するが、これは欧州を中心にした任意団体で、加盟鉄道から徴収した会費で運営されている。つまり、いわゆる〝国連ファミリー〟とは異なる組織である。したがって貧しくて会費が支払えないような発展途上国はほとんど参加していなかった。

運輸部が担当する運輸、通信、観光の分野にはほとんど、世界を網羅する国連の専門機関が存在した。即ち、航空にはＩＣＡＯ（国際民間航空機関）、海運にはＩＭＯ（国際海事機関）、通信にはＩＴＵ（国際電気通信連合）、郵便にはＵＰＵ（万国郵便連合）、観光にはＷＴＯ（世界観光機関、世界貿易機関とは別組織）といった具合である。

ところが、陸上交通には何も存在しなかった。つまり、陸上交通に関する限り、ＥＳＣＡＰだけが頼りだったのだ。

ＥＳＣＡＰにアジア鉄道協力グループが発足すると、堰を切ったように協力要請が流れ込んできた理由はここにあった。

その中に緊急案件が二つあり、私の着任を待ち受けていたことは前に触れた通りである。その一つは、中国政府が要請している中国人技術者のための「鉄道コンテナ」セミナーだった。

一般に、多数の国を相手にする国際協力をマルチ（Multi-lateral）と称し、二国間協力のバイ（Bi-lateral）と区別している。ところが、中国の場合はバイでもマルチでもなかった。強いて言うならば、逆マルチである。というのは、中国一国に多数の国が協力する方式を採用することにしたからである。これは国連でなければ実現不可能な手法である。

まず、中国大使館次席代表と相談しながら七日間程のセミナー・カリキュラムを作成し、それに以下の内容の手紙を添えて、コンテナ先進国と思われる国々に送付した。

「中国政府の要請により、国連ＥＳＣＡＰは中国人技術者のための鉄道コンテナ・セミナーを本年十二月に計画している。開催地は北京。ついては貴国より講師を派遣していただけないか。残念なから予算の関係上、講師派遣に要する費用は貴国で負担願いたい。ただし、ホテル、食事など中国国内での必要経費はすべて中国政府が負担する。なお、セミナー・プログラムは添付の通り。貴国にお願いしたい科目を予め選び、マークを施した。参加の意思のある場合は、分担科目についても貴国のご意見を伺いたい」

カナダやアメリカ、日本やイギリス、西ドイツなど、多くのコンテナ先進国に案内状を郵送して反応を待った。セミナー参加のメリットは巨大な中国市場へのアクセスと将来のビジネスチャンスだろう。

結果は九月下旬から現れ始めた。日本や西ドイツ、スイスのインターコンテナーといった所から、参加の申込みが入って来る度に我々を喜ばせたが、新たな問題も発生した。講演を希望する科目が相当偏るのだ。この調整には多大な時間と労力を消費した。最後に、講演希望者のなかった科目をＪＩＣＡ経由で日本国鉄にお願いして、すべてのスケジュールが完成した。二ヶ月近い紆余曲折を経ての完成であった。

ところが、その翌週になって、カナダから参加の返事があった。すべてのカリキュラムが振り付けられた後なので当惑した。そこで苦肉の策として、同じテーマを二ヶ国に担当させ、〝カナダのケース〟とか〝日本のケース〟といったサブタイトルを付けて乗り切ることにした。ところがカナダはこれに異議を唱え、カナダにも単独テーマを与えよと要求したのである。電話の向こうで「アンフェアだ」と繰り返す在タイ国カナダ大使館ギリアアット氏の抗議は執拗で、私は閉口した。競合するテーマに関し、相手の講義内容を事前に連絡することで了解いただいたが、資金のない技術協力の苦労が身に滲みた。

カナダとの話し合いも無事に収まり、プログラムの最終版ができ上がった頃だったか、氏がひょっこり国連ビルに現れた。電話の向こうの機関銃のような抗議から野人を想像していたが、現れた人物は晩秋の陽だまりを思わせる、穏やかな紳士であった。小一時間ほど、静かに四方山話をして帰っていったが、電話でやり合った後の私への労りの表敬訪問だったと察せられた。日本なら菓子折りの一つもぶら下げてくるところだが、彼は手ぶらであった。

十月末になって、西ドイツからバーン博士が赴任してきた。五十代半ばのこのディーゼル専門家はドイツ国鉄に所属しながら、リベリア、エチオピア、ヨルダンでそれぞれ二、三年間の技術協力を経験していた。実際、博士の鉄道全般を網羅する豊富な知識と途上国技術者との接触の巧みさには舌を巻いたものである。彼の参入で鉄道課の技術力が一段と厚みを増した。

バーン博士が落ち着いた頃を見計らって、鉄道課の業務や現状と問題点について説明を行なった。中国のコンテナ輸送セミナーについて説明すると博士は非常に関心を示した。

「私は発展途上国の技術協力で鉄道のほとんどの分野を担当してきた。コンテナ輸送もその一つだ。従って、できれば中国セミナーを担当させて欲しい」

「それは有難い。開催時はＥＳＣＡＰから誰かが出席してセミナーのコーディネイターを務めなければならない。開会と閉会にはＥＳＣＡＰを代表して挨拶をする必要がある。本来なら私が行かねばならないが、ここには出張旅費がない。各国の講師から送られてきた教材の印刷費にも不自由しているくらいだ」

しみったれた話をすると、自分には西ドイツ政府の支援があるから全く問題がない、と博士は胸を張った。早速、呻吟の果ての成果物、セミナー・プログラムや担当講師等の資料一式を手渡し、引継ぎを行なった。

博士は分厚い遠視の眼鏡を掛けていたが、文字を読むときは更に強い凸レンズの眼鏡と取り替えた。博士が話を聞き終えて顔を上げると、青い目が金魚鉢の金魚のように凸レンズの中を泳いでいた。

博士は西ドイツ版JICAに当たるGTZ（ドイツ技術協力公社）から派遣された専門家で、十分な活動資金を持っていた。お陰で中国の要請に応えられることになった。

これで一件落着、めでたしめでたしというところだが、私の心には複雑な寂しさが残った。未踏峰の頂上に立てず、手前のキャンプで待つ支援部隊の心境を味わっていたのだ。

二つ目の緊急案件、インドセミナーは、中国セミナーの順調さに比べ、惨澹《さんたん》たるものであった。ESCAP加盟国に招待状を送付したのだが参加希望国は皆無であった、と部長は話した。私が着任する前の話である。招待を受けた国全部が不参加を表明したプロジェクトを何とかしろ、それがお前の使命だ、と言われても、にわかに魔法のようなアイディアが浮かぶわけがなかった。

「往復旅費も滞在費もすべて参加国負担では、貧しい発展途上の国にとって手も足も出ないのではないか。先進国がホストのセミナーでは往復の航空券はもちろん、滞在費まできちんと支払われる。歓迎パーティも盛んに開催されるそうだから、土産を買うくらいのポケットマネーは残る。この差は大きすぎる。それにしても、インド政府は外貨がないと言いながら、どうしてセミナーを開催したいのだろう」

「中国ですよ」

私の愚痴にM君が解説した。

「中国が、一九八二年に途上国を集めて鉄道セミナーを開催したのを意識しているのです」

もっともこのときは運よくUNDP（国連開発計画）の資金が活用できたそうだ。アジアの途上国の中で、インドと中国の鉄道はナンバーワンを競っている。インド国鉄はディーゼル機関車を製造し、海外に輸出するくらいの高い技術力を持っている。そのインドが中国に後れを取ったとなってはプライドが許さない。何としてもセミナーを開催して、インド鉄道の技術力をアジアの途上国に誇示したいのだというのである。情緒的理由はどうであれ、途上国のために一肌脱ごうというインド政府の協調の精神には謙虚に感謝すべきだし、これを無にしてはならない。

私はオーストリア女性の運輸エコノミストを呼んだ。

「インド政府に外貨がないなら航空券は諦めましょう。しかし、ルピー（インドの通貨）なら多少は何とかなるでしょう。参加者のアコモデーション（宿泊施設）、三度の食事、それにインド国内で使うポケットマネーくらいはインド政府が負担しないと、もう一度招待状を出しても結果は同じでしょう。宿泊は鉄道の寮でも寝台車でも結構。また、食事は三食ともインドカレーで十分。ベジタリアン（菜食主義者）とイスラム教徒のことさえ考慮してくれれば十分だと伝えてくれませんか」

こう言ってインド政府を説得するよう彼女に頼んだ。説得が奏功し、インド政府の了解が得られると直ちに各国に招待状を送り直した。今度は五ヶ国から合計八人の参加申込みがあった。これにESCAPにいる派遣専門家とホスト国インドが加われば九ヶ国が参加する立派な国際セミナーだ。途上国からの参加者が十分とは言えないが、参加者ゼロの後なのでインド政府は喜んで計画を進めた。インドセミナーは翌年（一九八五年）の二月十一日から一〇日間と決まった。

バーン博士はセミナーの下打ち合わせのため、早速北京へ出掛けて行った。挨拶に顔を出したときの笑顔が何とも印象的だった。中国に協力できることが嬉しかったのか、それとも初めて中国を訪れることが楽しみだったのか、いずれにしてもいいご機嫌だった。

私も上機嫌だった。中国とインド、合わせて人口約二〇億の二大超大国、古くは日本が師と仰いだこの二つの国の両方への技術協力が、国連勤務の最初の仕事になるとは、まったく運がいいと考えていたからである。それも、一つは呻吟の果ての実現であり、もう一つは挫折から蘇生したプロジェクトであったから満足感も一層大きかった。

私が上機嫌だった理由はもう一つあった。それはインド政府がESCAP担当にも航空券を用意すると申し出たからだ。つまり、私が現地で指揮をとれるらしい。

私が国連着任前に描いていた、途上国の現場で直接行なう技術協力、という夢が遂に実現する。

インドでのESCAPセミナー

## 3 助けの要る人、できる人

インドにあって、路上に忘れ去られたハンセン病の人々の手を取り、彼等に頬擦りをしながらマザーテレサはこう言ったそうだ。

「誰からも愛されず、必要とされていないという心の痛み、これが本当の飢えなのです」

この人道的かつ人の心の渇きを的確に捉えた言葉を聞いて、私は二つのことを考えた。

その一つは、路上に忘れ去られた人々と同じように心が飢えている人が他にも沢山いるだろうということ。文明社会にあって、沢山の人々と豊かな生活環境に囲まれながら、自殺の衝動に駆られるほど心が渇き、孤独にさいなまれている人は少なくない。人は元来孤独に生まれついており、愛に飢えている。いや、愛の形に成長してなくてもいい、人との血の通った関わり合いにすら飢えているものだ。

もう一つは、彼等の手を取り頬擦りをしている側にも、その行為を通じて、生きる喜びが泉のように溢れ出しているという事実である。人の孤独や飢えを癒すものは、人が自分を必要としている、自分が人の役に立っている、という存在意義の認識の中にあると言っても過言でない。その意味で、「与える側」も「受ける側」から生きる喜びを間違いなく与えられている。

南の途上国と北の先進国、貧しい子供と豊かな子供、障害を持つ人と健常者、受ける側と与える側、この関係に主従や上下はないと思う。これらはそれぞれ、神が創った社会を構成する対等な要素なのだ。一つの行為があって、受ける側には温かい思いやりへの「感謝と癒された喜び」という作用がある。同時に与える側にも人に役立っているという「生甲斐と沸き立つような喜び」という反作用を生じさせる。言わば、拍手を打つ右手と左手の関係にあると言っていい。この能動側への反作用は、新たな行為へ我々を駆り立てるエネルギーになっていて、この現象は繰り返される。すると国際協力は「永久機関」みたいなものではないか。こう考えると南北問題の未来に陽が射してきたようでとても楽しい。

M君と私の都々逸的合言葉、「助けの要る人、できる人、世の中、人間、この二種類」も同じ哲学、同じ平等の発想に基づいている。

もっとも、あまり小難しく考えることはないかもしれない。アジアで助けの要る人が我々を待っている。そして彼らの喜んでくれる姿を想像するだけで、我々は血がたぎり活力が漲《みなぎ》り、行動に駆りたてられる。つまり、助けるという行為は助けられる側にも助ける側にも喜びをもたらす。これでいいではないか。

そしてもう一つ、M君は技術協力という分野で、常に「助けのできる人」だったが、最後は「助けの要る人」になって、愛娘とベビーシッターを救援者に託し、この世を去った。「助けの要る人」と「できる人」はいつ攻守ところを替えるか分からないものなのだ。

バーン博士はわくわくしながら中国コンテナ・セミナーの開催準備を進めている。うまく行けば他の国にも水平展開し、アジアの鉄道コンテナ化を推進しようと夢を広げている。女性エコノミストはインドセミナーに加えて母国オーストリアでもセミナーを実現しようと折衝を始めていた。オーストリアはプラッサー&トイラー社で知られた軌道保守技術の先進国である。同時に都市交通への鉄道利用推進でもリーダー的立場にあった。M君はアジア鉄道グループの第二回統計部会を十一月六日から始める準備に余念がなかった。シュマン博士と私はM君のサポートに回り、インド、中国、タイ等統計部会の幹事国と一緒に、M君が作った草案を項目ごとに検討していた。軌道やそれを支える構造物、操車場や駅設備、工場や車両保守基地、信号や通信設備、機関車や客車、電車などの車両設備、従業員数や客貨の輸送量、営業や財務に関する諸々の統計、などなど。計画ではインドセミナーの直前にもう一度バンコクで統計部会、その後、国際鉄道輸送と標準化の部会をインドのラクノウで開催することになっていた。

# 第3章

# 押し付けられた部長代行

## 1 メモと国連の常識

雨季の空は前日と同じように、どんよりと灰色の雲に覆われている。七時半になると、士官学校から楽隊の音楽が響いて学生の行進が始まった。私はいつものようにブラインドの隙間を指で広げて窓の外を覗いてみた。学生の長い隊列がタマリンド並木の大通りに流れ出て行く。八時近くなると、「コーヒーはいかが」と若い女性が顔を覗かせる。部長代行を拝命した初日は、楽隊が奏でる行進曲のように、いつもと同じ時間に、同じリズムで平凡に始まった。

しかし、私自身は昨日までとは多少異なっていた。ベンダさんを意識して、内に秘めたものがあったからである。ベンダさんには、私は部長代行に失敗する、そして部長は二度と自分を指名することはないだろう、と伝えた。しかし、内心そうは思っていなかった。私が落第したと知れば、彼は手を叩いて喜ぶに違いなかった。あの掠れた声で、石榴《ざくろ》のように口をあけて高笑いするはずだ。こんなベンダさんを想像するだけで身が引き締まった。

ところで現実は、台本に予想もしないアドリブを加筆しつつ進行するものらしい。予想に反し、初日はベンダさんとの間に何の問題も生じなかった。しかし別の部署からお叱りを受けて始まったのである。私の仕事のやり方が「国連の常識」を無視しているというのだ。M君と秘書の協力を得て何とか処理したものの、部長代行はまるで上方喜劇のようなどたばたで幕を開けた。

部長代行の朝は、運輸部に届いた手紙や文書、書類といったものに目を通し、処理することから始まった。

勤務時間が始まると間もなく、A3サイズの分厚い文書ファイルを抱えて部長秘書のタイの青年がやって来た。文書ファイルは厚紙でできたノートブック型で、書類や手紙を一種類ずつ、間に挟むようになっている。部長秘書が痩せているせいか、ファイルはとても重そうに見える。

「グッモーニング。ミスター、今朝はご機嫌いかがですか」

と彼は礼儀正しく、笑顔で挨拶した。それから、促されて、木製の椅子に腰を下ろし、机上に文書ファイルをおいた。

「ESCAPに来て約三ヶ月になりますね。もう慣れましたか」

部長秘書は本論に入る前の助走の会話をこんな風に開始した。

「慣れるどころか、国際機関に初めて勤務した私にとって毎日が初体験、それにすべてが初体験、試行錯誤の連続だ」と答えた。

例えば国際電話。中国セミナーのために国際電話をかけたら、私のポケットマネーで支払うことになった失敗談を話した（失敗談は後述する）。

次に英文テレックスについて話した。英語読解力なら多少自信があった私だが、初体験のテレックスにはてこずった。初めて手にしたテレックスが暗号に見えて意味不明、文脈がうまく繋がらない。

例えば、文面に「…not repeat not participate in …」という表現がある。意味不明なので、手元にある何冊かの辞書をくって調べてみたが、何のヒントも見つからない。

そこで、〝ミセスレモン〟と渾名していた私の秘書を呼んで恐れながらと教えを請うと、彼女は視線を柔らかくして、こう解説してくれた。

「これはテレックス独特の表現だと思います。送信中に何かトラブルが発生したとしても極力趣旨が伝わるよう、苦心して打たれています。この場合は『否定です、繰り返す、否定です』とnotを繰り返して打っています。何かの理由でトラブルが生じても否定であることが伝わるように」

なるほど、言われてみればその通りだ、といたく感心したものである。

部長秘書のタイ青年は笑顔で聞いている。それから、「毎日が経験ですが、直ぐベテランになりますよ」と分厚いファイルを開きながら私を慰めてくれた。

「しかし、部長代行は大丈夫です。常にガイドつきですからそれほど難しい仕事ではありません。それに、この仕事ですが、書類や手紙の処理なので簡単に終わります」

新入生には無理だとか、多忙だとか、私が部長代行を断るために部長に浴びせた数々の言葉を、彼はきちんと覚えているらしかった。その上、私が無理やりこの任務を承諾させられたこと、及びそれを快く思っていないベンダさんの存在も承知しているようだった。一見華奢で頼りなさそうに見える青年だが、彼は頭の回転が早く周囲への配慮も心得ていて、評判が良かった。彼は弁護士を目指して夜学に通っている苦学生でもあるそうだ。

部長秘書は厚紙の間に挟んである書類を一つずつ取り出して説明を始めた。

「まずは、ASEAN（東南アジア諸国連合）の委員会からきた手紙から始めましょう。これは急ぐ内容ではありませんから、部長のお帰りまで待った方がいいと思います」

私がざっと目を通して頷くと、

「では、部長の名前とその後ろに"on return"と書いて下さい。そうすれば部長の帰任後に部長が処理します」

と右下の余白の辺りを指差した。私は言われた通り、部長の名前とその後に on return と書いて自分のサインをした。

「次はアジアハイウェイ地図に関する要望書ですからハイウェイ課が担当です」

私は一応手紙を読んでから、余白に Highway Section pls. (please の略) と書いて再びサインをした。

「今度は中国で計画中のコンテナ・セミナーですから鉄道課ですね。英国は講師の派遣を断ってきていますが開催は大丈夫ですか」

彼は、私が部長代行に指名されたことを歓迎している風であった。自分の知識や経験が人の役に立つのは嬉しいものである。その意味で、百戦錬磨のベンダさんより初心者の私の方が好ましかったと思われた。実際、国連の内部規程や事務処理の仕方について私が尋ねると、彼は嬉々として教えてくれた。私は中国セミナーについて、英国抜きで進めていることを話し、感謝の言葉を述べた。

「もう一つ鉄道課にきています。今度はインドセミナーに関する手紙です。このセミナーは、あなたが着任する前からのインド政府の要望ですが、その後前進していますか」

インド政府がホスト国になってESCAPセミナーを開催する計画は以前から承認されていたが、ようやく動き出していた。実際、この一ヶ月後に日程が確定し域内から五ヶ国の参加申込みがあったことは先に述べた通りである。

二通の手紙にそれぞれ Railway Section と書いて、自分の机の脇に置いた。鉄道は難産案件ばかりだと考えると、思わず溜息が漏れた。

四五分ほどかかっただろうか。部長秘書の道案内に助けられて、二十数通の手紙や書類を処理し、部長代行としての初仕事を終了した。部長秘書は爽やかな笑顔と一言を残して出て行った。

「部長代行って簡単な仕事でしょ」

この日取り扱った書面は大きく分けて、三種類に分類された。まず、ESCAP加盟国とのやり取り、次に国連及び国連関係機関との情報交換、それにESCAP内部連絡文書（インターオフィス・メモランダム、略称「メモ」、簡単な手紙のこと）である。

手元に残った鉄道関係書類の処理に没頭していると、ミセスレモンが顔を覗かせて、PCMOのチーフから電話だと言った。

PCMOとは企画調整監査室(Program Co-ordination and Monitoring Office)という厳めしい名前のオフィスのことで、チーフは日本女性であった。彼女は私より数年先輩で国連のランクも一つ上のD、つまり上官である。日本の政府機関から国連に移ってもう一五年以上になるというベテランだった。毎週末楽しむゴルフのせいで肌が赤銅色に日焼けしていて、なかなか逞しい。

「あなた、今、むきだしのレポートを秘書に持って来させたでしょう」

受話器を取ると、いきなり強い口調の日本語が飛び込んできた。何やら、穏やかならぬ雰囲気である。

私は今朝受取った彼女のいわゆる「メモ」を思い出していた。部長宛のそのメモには一冊、ある鉄道資料を送って欲しいとあった。私は書棚から資料を取り出すとミセスレモンを呼び、PCMO

に急いで届けるよう頼んだ。依頼主が急いでいるに違いないと思ったからである。従って、ＰＣＭＯから電話だと聞いたとき、愚かにも私は「感謝の言葉」を期待していたのだ。ところが彼女の声は恫喝の色を帯びている。

「はい。でもそれが何か」背筋を伸ばし、慌てて答えた。

「私が『メモ』を添えて請求しているのに、むきだしの資料をポンと寄こすとは何事よ。失礼じゃないの」

「そうですか。あなたが急いでいるだろうと思ったものですから……」

「『メモ』で受けたら『メモ』を付けて返す。これが常識。私は『国連の常識』を言っているのよ。もう一度レポートを取りに秘書を寄こしなさい。最初からやり直し！」

こう言い放つと彼女は一方的に電話を切った。大変な剣幕である。迅速をモットーとする日本の職場では早いほど感謝されるのに、何ということだ。感謝どころか、初年兵を嬲《なぶ》る古参兵の横柄さでお叱りを受けたのだった。

――同じ事務所でレポート一冊取り寄せるのに、「Dear Mr.…」などと手紙のやり取りか。何と牧歌的なことだ。

私は時代錯誤を呪いながら再びミセスレモンを呼んだ。彼女はＰＣＭＯから電話だと聞いて上官の総務補佐《アドミニストレイティヴ・アシスタント》と共に入ってきた。総務補佐は鉄道課に所属する三人の秘書のチーフ、即ち秘書長の立場にあった。英文速記もこなすなかなか有能な女性である。

M君も両手をズボンのポケットに突っ込んだ得意の恰好でやってきた。こちらは助っ人半分、野次馬半分である。そこでことの経緯を説明し、まずミセスレモンに、届けたばかりのレポートの回収を頼んだ。

「日本なら、レポートが欲しいが手持ちがあるか、と電話を受ける。すると、はい、用意しておくから誰か寄こして下さい、と応答する。後は誰かが取りにきて、一五分もあれば一件落着。事柄は単純かつ速やかだ。でも、ここは名にし負う国連でした。部長名のメモで請求がきたら部長名のメモをつけて返送する。まるで格調高い儀式だね」

私は皮肉を込めてぼやいた。すると早速、M君と秘書長がファイルを何冊か持ってきて、

「メモに関するありふれた応答文なら、このファイルの中に沢山ありますよ」

と言いながら、ピンク色の控え文書が綴じてあるファイルを広げて見せた。実際、そこにはどうでもいいような文書が何枚も、文書番号付きで綴じられていた。

「この中から似たような文書を探して、返事のドラフト（草案）を作りましょう」

M君はファイルを抱えて戻っていった。

秘書たちによると、PCMOのチーフは「メモ」がことの外お好きだそうである。誰かが不平を言おうとすると、「文句があるなら『メモ』を書いて寄こしなさい」と言うのが口癖で、それにもめげずに、彼女に反論しようとする勇敢な人がいたとすれば、「『メモ』で寄こしなさい。それが『国連の常識』よ」と一喝されるという。

さて、一般にメモや手紙を立案するときは、立案者は手書きで原稿を作り秘書にタイプしてもらう。でき上がると、右上の drafted（立案）のところにサインをして課長の承認を求める。課長は内容をチェックした後、drafted の下にある concurred（了承）のところにサインをして部長に回す。最後に、決済担当者である部長が必要な訂正を行った後、更にその下の approved（承認）のところにサインをして立案者に戻す。立案者は上司の訂正事項に異存がなければタイピストに回す。そして、何枚かカラーの控え用紙がついた正式用紙にタイプされる。手紙が完成すると再び部長のところへ戻され、部長が手紙にサインをして作業が完了する。控えはファイルされ課のロッカーに保管される。

その後、メモなど内部連絡文書は回覧袋に入れて部の所定の箱に入れておくと、定期的に回ってくる配送係が宛先に届けてくれる。

ところが、決済文書は草稿がタイプされた後も、課長の未決箱のなかに半日留まっていたり、部長の机の上で一日眠っていることもある。従って、ありふれたレポート一冊要求するのに両者でこんなことをしていたら、レポートが手に入るまでに一週間かかることもある。暢気なものだ。

人件費にしても、立案者、タイピスト、チェックする部課長の消費時間を積み上げれば、財政難の国連には馬鹿にならない負担である。

その上使用する紙代もある。手書きのドラフトにタイプしたドラフト、完成した手紙と何枚かの控えのコピー、往復で一〇枚程の貴重な紙を消費することになるからだ。加えて、公文書ということでファイルに保管すれば口ッカースペースが余計に必要になる。実際、ロッカーにはどうでもいいような文書が沢山、大切に保管されていた。

電話一本で簡単に済むことをやたらと複雑にし、無駄を作り、いいことは一つもないと思うのだが……。なるほど、これが彼女の言うところの「国連の常識」か。

その後も、部長代行に指名される度にPCMOのお役所仕事に行く手を阻まれ、「国連の常識」とやらが箱根の山のように難所であることを知らされた。

そんなPCMOのことをベンダさんは red-tape と呼んでいた。その翌年、彼が待望の部長代行に指名された頃のことである。辞書で調べてみると、「お役所風、官僚的形式主義」とある。昔、イングランドでは公文書を赤い紐で結んだことからこう呼ばれるようになったという。

それ以来、私とM君は、PCMOチーフのことを「赤リボン女史」と渾名した。もちろん、官僚的な仕事ぶりを皮肉ったつもりだが、同時に手塚治虫の「リボンの騎士」の勇敢な女性（漫画では少女だが）ともダブらせた。

ところで、問題のPCMOから差し戻されたレポートは「一九八四年十月×日付けの標題についての文書拝見いたしました」（Reference is made to your inter-office memorandum on the above-mentioned subject dated…）で始まる、M君作ならびに構成のメモを添えてその日のうちに発送した。

午後四時近くなって風が激しく吹き始めた。ブラインドの隙間から眺めると、西から漆黒の雲の一団がこちらに向かって来るのが見える。その巨大な一団は薄く灰色の雲の下に位置を占めたと思う間もなく、猛烈な速度で広がり、たちまち見渡す限りの空を漆黒に埋め尽くした。スコールの前触れである。紙屑が国連ビルより高く舞い上がって吹き飛ばされていく。鳥が数羽、風に翻弄されながら飛んで行く。やがて、膨大な闇に稲妻が走り、雷鳴が轟きだした。四六億年前の地球誕生期を想像させる豪快さである。闇に閃光が走ると視界にあるすべてが一瞬のハレーションの中にある。と見る間に、目に残像を残したまま再び闇に返る。そして轟く雷鳴。まるでバンコクの街全体がティンパニーの底にあって、フォルテの一撃を食らったようであった。

ついに横殴りの雨が降り始めた。辺りはすでに真っ暗だから、道行く車は皆、ヘッドライトを点して走っている。しかし、雨が激しくなると、もはや、どんなに忙しくワイパーを動かしても、前方が全く見えず、車を路肩に寄せて、雨の静まるのを待つより他にない。ここでは、雨の降り方も桁違いのスケールである。

それにしても、何と壮大な、風と水、音と光のスペクタクルであることか。

仕事の疲れを癒す気分転換にもってこいだと、窓際に立って外を眺めていると、隣のM君もそうしているらしく、窓と仕切り壁の間から驚きと溜め息が漏れてくる。彼も残って仕事をしているのだった。

ＥＳＣＡＰは六月上旬から十月末までの雨季の間、勤務を三〇分短縮して三時一五分に終了する。スコールが始まる前に帰途につけるようにするためらしい。しかし、部長代行を任命されている間は、スコールが上がってから帰途につく毎日になった。人の書いた通信文をチェックしてサインをしたり、文書を仕分けたり、部を代表して加盟国からの訪問客と面会したりするのに、時間を浪費させられたためであった。私はあまり愉快ではなかった。国連でやろうとしている本来の目的、「発展途上国の鉄道近代化」に何の役にも立たない、無駄な時間に思えたからである。

幹部会《シニアスタッフ・ミーティング》にも出席する機会があって、部長の指示通り、タイ人の総務担当ブリンナー氏を伴って出席した。会議室には、キブリア事務局長席の後ろの壁に「禁煙」の大きな貼り紙があった。しかし、会議が始まって暫くすると、出席者の中で唯一の女性である「赤リボン女史」が煙草を取り出して吸い始めた。

――誰が彼女に注意するのだろう。

私は興味を持って眺めていた。ところが愚かというか情けないというか、彼女がタバコを吸うのを見た男性たちも安心したように煙草を取り出して吸い始めるのだった。そのうち、三人、五人と煙草を吸って、定員三〇人ほどの小さな会議室は瞬く間に煙が充満した。何ともだらしのない話である。

幹部会に初めて出席したというのに、この他のことはほとんど記憶にない。多分、たいした議題がなかったからだろう。

ベンダさんはこの間、めったに姿を現さなかった。勿論、私にapproved（承認）のサインをもらいにくるはずはなかった。入口の直ぐ右側にある彼の部屋は、いつもドアが閉まっていたが、時折タイプの音が聞こえていた。

後で聞いた話だと、自分が部長代行に任命されなかった不当性を訴えた、長い抗議の私的「メモ」を、キプリア事務局長に送ったそうである。タイプの音は、多分そのメモを書くときのものだったのだろう。それにしても、国連の人は何でこうも「メモ」を書くのが好きなのだろう。

ベンダさんの抗議にも拘らず、部長はその後も自分の出張の度に、私を部長代行に任命し続けた。お陰で、ベンダさんのみならず私自身も、ずっと不本意であり続けた。ベンダさんの私を見る目には次第に敵意すら宿り始めた。

## 2 KGBとGRU

部長代行を何度か経験するうちに、予想通りソビエト中佐が動き始めた。中佐はやはり、鉄道に関する世界中の会議やセミナーを調査していたようだ。そして、ソビエト政府に有益だと思われる案件を洗い出し、事務局宛、資料（Proceedings and other relevant documentations）請求の手紙を立案した。多いときは、一度に五通もこの種の手紙を立案し、私のサインを求めたのだ。前にも述べたように、ESCAPでは部長（または代行）しか公文書を発信できないので、組みしやすい私のときを集中的に狙ったと思われた。

私はあるとき、サインを貰いにきた彼に、

「こんなにたくさん、しかも先端技術ばかり資料請求しても途上国には役に立たないでしょう。それに目を通し切れないだろうに」

と皮肉を込めて聞くと、中佐はにこりともせず、「ESCAPは途上国の未来にも貢献する義務がある」と答えた。その後、資料は続々と送られてきたが、どこに保管されどう処理されているのか誰も知らなかった。

帰宅時に、サトン通りのソビエト大使館に立ち寄って、資料を届けているのではないか、と皆が噂した。ところが、彼が自室を出るときは何時も手ぶらであった。手品師が両手を開き何も持っていないことを誇示するように、カバンさえも持たずに退室したのである。警戒心の強い彼のことだから、勤務時間中に少しずつ、駐車場のマイカーに運んでいるのかも知れなかった。

十月二十四日は国連記念日（U.N.Day）で朝から式典が挙行された。我々国連職員は九時すぎから本会議場に集められて、キブリア事務局長や来賓から、ありがたいお祝いの言葉を聞かされた。その後、三々五々部屋に戻ったが勤務形態が徹底しておらず、仕事を始める者もいれば、早々と事務所を抜け出す者もいた。中佐はソビエト大使館に出掛けたらしかった。

この日は私とM君にとって、ソビエト中佐に関する情報を補足する絶好の機会であった。二人はまず、情報通のタイ人、ブリンナー氏が自室でくつろいでいるのを確認し、タイミングを計って押し掛けた。

夕方にはキブリア事務局長主催のカクテルパーティがフォイヤー（玄関大広間）で開催された。二人は、会場の各国大使や政府高官には目もくれず、グラス片手に会場をさまよい、これまでに得た情報の確認や補足を行なった。

これらを総合するとソビエト中佐の概要は以下のようであった。

彼は一九四〇年生れで、モスクワの工科大学卒業後、ポストグラデュエイトコース（大学院）に留まって交通経済学で学位を取得。その後、母校の講師などの職を歴任。一九七三年から約六年間、ＥＳＣＡＰの運輸部に勤務。帰国後、モスクワにて道路省外務局長に就任したという（つまり、彼のＥＳＣＡＰ勤務は今回が二度目なのだ）。

彼は鉄道技師でありながら、鉄道の実務経験が一度もないという一風変わった経歴の持ち主であった。この理由は、彼のもう一つの顔、ＧＲＵ中佐という要職が原因らしい。

ＫＧＢならよく聞く組織だが、ＧＲＵはあまり我々に馴染みがない。ブリンナー氏も、軍事に関する機密や情報を扱っているのがＧＲＵだ、と説明しただけで、あまり詳しくは知らないようだった。

ある時、東京の本屋で、『剣と盾　ソ連の情報戦略』（乾一宇訳・時事通信社）という本を見つけ手に入れた。この書によると、ＧＲＵは一九二六年に誕生しており、一九五四年に創設されたＫＧＢより遥かに歴史が古い。あの有名なスパイ・ゾルゲも、「中国でのＧＲＵ情報網を確固たるものにするためにＧＲＵ諜報部員として、東洋に滞在していた」という。ということは、私はゾルゲと一緒に仕事をしているようなものか。

さらに、GRUの任務は「ソ連全軍のための戦略・戦術情報の収集活動と分析活動を統・調整し実行することにある」とある。続けて、その収集方法には「公刊資料の収集、人（スパイ）による秘密収集、衛星・飛行機による写真偵察、各種の収集基地による通信情報収集などがある」と記されている。

なるほど、公刊資料（委員会などの議事録、配布資料）の収集活動はGRUの活動指針に基づいているのだ。彼は組織に忠実で信頼厚い情報将校なのだ。

さて、中佐は一九七九年にESCAPを退任し帰国した。後任には多数の応募者の中から、やはりソビエト人技師が選ばれて着任した。ところが、中佐の後任は二年間の勤務の後、ホームリーブ（帰省休暇）で帰国したまま行方不明になったそうである。帰任予定日になっても音沙汰がなく国連に出勤してこなかったのだ。ESCAPがソビエト大使館に問い合わせても梨の礫《つぶて》であったらしい。事態は事件性を秘めて、タイの新聞にも報道される騒ぎになった。ところがあるとき、人相の良くない屈強の男たちが数人、彼のアパートにやって来て、彼の私物をすべて荷造りし持ち去ったそうである。ソビエト政府が、彼を辞任させたい旨、正式に連絡してきたのはその後だったという。ソビエト政府はこの鉄道技師の私生活にお冠であったらしい。

以上は国連記念日とそのパーティで得た情報である。

「彼に、バンコクの夜の歓楽街とタイ女性の魅力を教えたのは日本人だという噂ですよ。その結果、この初《うぶ》なソビエト人はバンコクの夜とタイ女性の魅力にすっかり狂ってしまった。多分、本務を忘れて夜遊びしているところを諜報部員に現認されたのですよ。その結果、帰省休暇中にGRUの手で幽閉されてしまった」

アハハと笑いながら、本当とも冗談ともつかない話をしたのはブリンナー氏である。

ソビエト人国連職員は等しくKGBやGRUから監視されているという。そういえば、彼らがパーティに招かれたりテニス同好会などに出席したりするときは、必ず事前にサトンの大使館に届け出て許可をもらっているらしい。

ところで、いったい、誰がどうやって監視しているのだろう。こんな私の疑問に、噂の域であるがと前置きして答えてくれた日本人がいた。

例えば、ソビエト大使館の高官が運転手付きの黒塗りの車で送り迎えされているとする。この場合、高官の方が偉くて運転手は使用人だと誰もが考える。ところが、運転手は党の幹部で、彼が大使館幹部を監視している場合がある、というのだ。

誰が秘密組織の監視員なのか、自分は誰に監視されているのか。これは、ソビエト出身の国連職員にとって、決して気持ちのいい話ではなかったと思われる。

ソビエトのタイにおける諜報活動は、こうした厳しい監視の下に、深く潜行して行なわれていたらしい。しかし、タイ国公安当局も決して手をこまねいているわけではなく、神経質にその実態把握に努めているらしく、この両者の駆け引きは虚々実々、スパイ映画を地で行くようだと推察された。

事実、タイの英字紙「NATION」（一九八七年九月六日付）は日曜特集を組み、一面をまるまる割いて、ソビエト諜報活動の実態を明らかにしたことがあった。

この特集はどれも大変興味のある内容であったが、そのうちESCAPに関連したソビエト諜報活動について抜粋すると以下のようである。

KGBやGRUに新規採用された諜報部員は通常、ESCAPに配備されてインターン研修を行なう。ソビエトからのESCAP職員のうち、約半数がそうした諜報部員だといわれている。彼ら見習いはESCAPから役に立ちそうな資料を収集し、ソビエト大使館にファイルすることで訓練を積む。

ESCAPの図書館員によれば、ソビエト出身職員が最も頻繁に図書館に据え付けてある無料のコピー機を使っており、その出費が問題になっているという。

ESCAPに勤務するこれらソビエト諜報部員は国連の業務をほとんど行なわず、ソビエトからの密命に専念しているとタイ公安当局は話している。

さて、ソビエト政府から正式に辞任通告を受けたESCAPは、慌てて空席告示《ヴェイカンシー・アナウンスメント》を行なってソビエト人鉄道技師の後任を募集し始めた。

ソビエト政府にとってもこれは予期せぬハプニングであった。従って、後任を育てる時間的余裕などなかった。とは言うものの、アジアにおける運輸部門の情報収集ルートを放棄するわけにはいかなかった。ここにいれば、「中国がソビエト国境防衛強化のために、国境に向かう鉄道の電化工事を計画、完成は××年。完成の暁には××時間内に××万人の軍隊が結集可能」といった軍事的な情報から、新幹線や磁気浮上鉄道のようなハイテク情報まで容易に入手できたからである。

そこで、ソビエト政府はやむをえず、再び「中佐」を候補者に立ててポスト確保に万全を期すこととした。そして、一九八三年、ソビエト中佐は再び〝微笑みの国〟タイ、ブーゲンビリアの咲き乱れるバンコクに帰ってきた。

私とM君の観察では、中佐は相当に訓練された、優秀な情報将校と判断された。彼は常に冷静で、感情の起伏をほとんど表に現さなかった。その上、彼は人の悪口や人物批評には一切、私的意見を挟まなかった。時折意見を求められると、「私には分からない」と言って、口を濁した。噂などに巻き込まれて己の使命を全うできなくなることを恐れていたのかも知れなかった。

中佐は毎朝出勤するとにこやかに、秘書や職員一人一人の部屋を挨拶して回った。

「グッモーニング。ドボロイヤーウートラ（ロシア語で「おはよう」）。ハウアーユー トゥデイ」

こう言って、私の部屋にも毎朝顔を出した。しかし、笑顔を作っていたが、中佐の奥まった淡青色の目は鋭い光を消していなかった。むしろ、何かを観察しているように見えたのは私の気のせいだろうか。いずれにしても、彼はGRUからの信頼がすこぶる厚い、切れる男であったことには間違いない。

# 第4章

# 外交特権のベンツ

## 1 ベンツで利殖

Ｍ君の新車が届いたそうなので見に行きましょう、とミセスレモンに誘われて、駐車場まで降りていった。なるほど駐車場には、何人かに囲まれた少々照れ気味のＭ君がいて、その横にベージュのベンツ１９０Ｅが燦然と輝いている。なかなか、魅力的な車である。他のベンツに比べて少し小ぶりのようだ。それに気のせいか、後部のトランクの位置が高くお尻をツンと突き出しているように見える。素敵なデザインである。

バーン博士の濃紺のベンツは彼の着任と符合するようにバンコクに到着していた。それに比べてM君の車の到着はいかにも遅い。彼の着任から五ヶ月くらいたっていると思われるが、実はこれには理由《わけ》があった。

M君は着任当初、外交特権のある中古のエコノミー・カーを適当に手に入れようと、安易に考えていたのだ。国連機関や各国大使館の掲示板は、いつでも転勤予定者の車情報で賑わっていると知らされていたからである。

ところがあるとき、M君の夫人が外交特権なるものを知って、折角ノータックスの権利があるのならベンツを輸入しましょうと言い出したのである。夫人は中国系タイ人で、両親はバンコク郊外に住んでいた。夫人の姉たちはみんな素封家と結婚して、両親の敷地内にそれぞれの家を建てて同居していたが、誰もが何台かの高級外車を持っていた。そのような環境にあって、末娘のM夫人だけが中古のエコノミー・カーでは惨めに思えたのだ。

「妻の見栄でね」としきりにM君は弁解したが、実は彼自身の見栄もあったような気がする。愛する妻に惨めな思いをさせたくないという、男の見栄である。

それからM君は車種を決め、複雑な輸入手続きを済ませ、やっと本日、車が手に入ったというわけである。彼の嬉しさが手にとるようによくわかる。

ところで、M君が頻りに弁解した背景には、もう一つの理由があった。国連職員が外交特権を使ってベンツを輸入しては利殖に励んでいるという事実があるが、自分はそうではないと言いたかったのだ。潔癖なM君が、夫人の提案にも拘らず遅疑逡巡していたわけは、実はこの国連職員所有のベンツのイメージにあった。

タイは貧富の差が激しい国である。しかも相続税制度がないからこの差は広がる一方のように見える。そんなわけか、タイの金持ちは、一億総中産階級の日本人が想像するより遥かにリッチなのだ。どこの国でもそうだが金持ちになると、人は他人の持っていないステータスを求めようとするものだ。タイではその一つがベンツであった。

タイでもベンツを生産していたが、ローカル・コンテントのせいか性能が幾分劣っていると言われていた。それに車種が限られていたので、すぐタイ製ベンツだと見分けがついたのである。これでは金持ちが満足するわけがなかった。そこで、彼等は競ってドイツ製の「本物のベンツ」を手に入れようとした。

しかし、タイで外国製の車を輸入することは大変困難であった。国内産業振興のため輸入を著しく制限していたし、輸入の許可が取れたとしても莫大な関税を支払わなければならなかった。聞くところによると、二三〇〇ｃｃ以下の車で四〇〇パーセント、それ以上の車は六〇〇パーセントの輸入関税が掛けられているそうだ。

これは大変な金額である。そこで彼等の関心は外交特権の車に向くことになる。

国連などの国際公務員には車を一台、免税で輸入する特権が与えられており、しかも五年以上経過すると、この車を〝誰にでも、無税で〟譲ることができたからだ。本物のベンツを求めるタイのお金持ちがこの事実を見逃すはずがなかった。ということは、ここに永く勤務している国際公務員は、望めば五年ごとにベンツを買い替えて、利殖に励むことが可能だった。

運輸部にマートさんというタイ人のサポーティング・スタッフがいた。サポーティング・スタッフといえば秘書のようなものであるが、彼がタイプや速記に携わっているのを見たことがなかった。彼の席は北側の、シュマン博士の部屋の前にあった。しかし博士を助けているのを見た記憶もほとんどない。彼は、ＥＳＣＡＰでは知らぬ人がいないくらい有名人であったが、彼の名声は実は仕事以外にあったのだ。

彼は朝出勤して来ると、しばらく自分の机に座って電話をしたりメモを取ったりしていた。それからどこかへ出て行った。マートさんを探したければ、駐車場に行くといい、とよくブリンナー氏が謎めいたことを言っていた。

マートさんはM君と気が合うらしく、時々彼の部屋にやってきて朝のコーヒーを飲みながら雑談していた。ＥＳＣＡＰ着任当初、私が顔をだすと、

「ちょうどいいところにきた。あなた、悪いことは言わないから車はベンツにしたらどうですか。ベンツなら帰るときに必ず高く売れますよ。私が売って、儲けさせてあげますよ」

マートさんはこう言ってベンツ購入を勧めたものだ。

私は、タイミングよくイランに転勤していった在タイ日本大使館医務官の義兄からトヨペット・クラウン・デラックスを引き継ぐことに決めていた。マートさんにこのことを話すと、

「私がそのトヨタを処分してあげる。だからベンツにしなさい。もし、ベンツが嫌ならBMWでもいい。日本製にこだわるならニッサン・フェアレディZのようなユニークな車がいい。あれなら高く売れますよ。とにかく、タイでは珍しい車でないと高く売れませんからね」

と、あくまで医務官のトヨタに反対である。なるほど、国連の駐車場にはベンツやBMW、時には通勤に不似合いなスポーツタイプの車が駐車してあったが、その理由がよく分かった。

仕事では影の薄いマートさんだが、車のことになると溌剌と頑固に自己を主張した。いつも腫れぼったく細い目をして、眠っているように見える男が、車の話になるとがらりと変身するのである。

後でわかったことだが、実は、マートさんは国連の中で車の斡旋を副業としていたのだ。彼は分厚い、使い古した大学ノートを持っていた。そして、毎朝外部の顧客から電話がかかってくると、そのノートを開いて話し込んだり、克明に書き込んだりしていた。ベンツを求めるタイの金持ちの名前がノートのウェイティング・リストにいっぱい書き込まれていたそうである。

彼はそれから駐車場へ下りていった。駐車場で車を一台一台見て回り新しいベンツがあったりすると、その所有者や購入日などを詳しく調べて大学ノートに記入した。これが彼の日課だったのである。

「これも大切な運輸の業務だ」

マートさんはこう自分に言い聞かせていたのかも知れなかった。

劇中劇という言葉は聞いたことがあるが、彼は職中職、つまり職場の中に自分のオフィスを持って、別の業務に励んでいたのである。彼が別の業務に使用する机や椅子はもちろん国連のものであったし、電話代は国連が払っていたに相違なかった。それでも誰も彼に苦情を言わなかった。それは、部長を始め国連ビルに勤務する多くの職員が、車のこととなるとマートさんのお世話になっていたからだと思われた。マートさんは車なら何でも面倒をみた。従って、見方を変えれば、彼のこの業務は必要悪と見做されていたといっていい。確かに、突然転勤になって車の売却を急ぐ人や、急いで車を見つけたい人にとって、マートさんは貴重な存在であった。その上、ベンツに関する限り、車を手放したい国連職員と手に入れたいタイの金持ち、そして小銭を稼ぐマートさん、誰もがハッピーなのだ。これを不快に思うのは正義面が鼻持ちならない一部の日本人だけだ。他の国連職員はこう思っているかも知れなかった。

事実、国連職員が五年ごとにベンツを売って金を稼ぐのは、別に法に触れることではなかった。立派に合法的であったのだ。疚《やま》しいと思うかどうかは本人の問題である。ほとんどの日本人がやらないのは、公職にあるときは清くありたいと願うからである。「武士は食わねど高楊枝」の精神が日本人の心の中に生きているからである。

しかし、凡人の悲しさ、そうはいっても、ベンツを五年ごとに売ると幾ら稼げるのか、またマートさんは幾ら手数料を手にするのか、まことに関心のあることであった。

そこで、私が帰国することがほぼ確定した一九八九年の暮のあるとき、話のついでにマートさんに聞いてみたことがあった。

彼はその頃、ＥＳＣＡＰの某課長のベンツ２８０ＳＥＬを仲介しており、商談がうまく纏まったところであった。このベンツの価格は、後述の「バンコクポスト」紙によれば約八〇万バーツ(四〇〇万円)であるが、実際はもっと安かったらしい。恐らくカーステレオなどオプションによる差だろうとマートさんは言った。

いずれにしても、この車は、五年間大切に使用された後、二百数十万バーツでタイのお金持ちに引き取られることになったそうである。これが事実なら、この国連職員には七〇〇～八〇〇万円ほどの利益が入ることになる。なお、マートさんは手数料として一〇万バーツ受け取ったらしいが、察するにこれはマートさんのほぼ半年分の給料に相当する金額ではないだろうか。

国連職員が五年に一度、数百万円の利益を上げるために競ってベンツを購入する。そして、まるでガラス細工でも扱うように細心の注意を払って運転し、年季が明けるのを待っている姿は、私にはいじらしくもあり、また苦々しくも思われる。けれども、五年間も待っていられず、一刻も早く大金を手にしたいと思い始める不心得な人がいたとしても不思議ではない。人は時として、金の卵を生むガチョウの腹を割いてみたい欲望にかられるものらしいから。でも、そうなると、もう立派な犯罪である。

予感は現実になって現れた。「スクムビット大通り殺人事件」がその前奏曲となって新聞を賑わし始めたのである。

## 2 スクムビット殺人事件

スクムビット大通りはバンコク東部の住宅地域を東西に貫いている。この辺りはバンコク在住の日本人が比較的多く住んでいる地域である。大通りから住宅街に入る小路をソイと呼ぶ。大通りの南側のソイには偶数、北側には奇数の番号がつけられ、スクムビット通りが始まる中心部から東に向かって数字が順次大きくなっている。

あるとき、私のアパートに近いソイ35で事件が起こった。ソイからラッシュアワーのスクムビット大通りに出ようと、流れが切れるのを待っていたベンツのドライバーが、ピストルで射殺されたのだ。犯人は単車でベンツに近づき、側面の窓ガラス越しに数発お見舞いすると、単車の機動性を利用して雑踏に消えた。警察当局の必死の捜査にも拘らず、未だに何の手掛かりもないという。被害者の裕福な実業家は即死した。

タイの英字紙「バンコクポスト」は、翌日この事件を報道したが、報道の仕方が何か素直でなかった。バンコクではありふれたピストル射殺事件としてより、むしろ、国際公務員による外車不正輸入事件として取り扱おうとしていたのだ。というのは、このベンツが国連ナンバーをつけており、国連職員でない被害者がどうしてこのベンツを運転していたかに警察当局は疑問を抱いたからである。

後で分かったことだが、当時「バンコクポスト」は、国連職員による外車不正輸入を追い続けていた。そしてこの殺人事件が、一連の「国際公務員外車不正輸入事件」報道のプロローグだった。

例えば、八七年十一月十一日付の「バンコクポスト」には以下のような記事が掲載された。

「ＥＳＣＡＰ職員Ｊ氏は一九八三年六月、青色のメルセデスベンツ２８０ＳＥＬを、外交特権を使用して輸入した。しかし、実際に必要経費（八〇万八二〇〇バーツ）の全額を支払ったのは退役将校の弟ウドム氏であり、爾来彼がこのベンツを所有し、全面的に使用している。一方、車を輸入した国連職員Ｊ氏は、この間、ずっと白ナンバーのダットサン・セダンに乗っていた。これは明らかに外交特権に関する法律違反だということで税関当局はベンツを差し押さえた。ところが、ウドム氏に近い代議士が、これは税関による不当な差押えであり直ちに返却すべきだ、と国会で圧力をかけている」

「バンコクポスト」紙のベンツ不正輸入事件報道は概ねこんな内容である。Ｊ氏は我々もよく知っているＥＳＣＡＰ農業部の職員だった。税関によれば、彼は外交特権を悪用して相当の報酬を手にしたという。これは明らかに犯罪行為である。

また、八八年四月五日付の「バンコクポスト」にはこんな記事がある。

「税関当局は外交特権を使って輸入されたメルセデスベンツ１９０Ｅが民間人であるチャルン氏の

所有になっていることを突き止め、押収した。チャルン氏によれば、外交官ナンバーのついたこの車は、頭金三〇万バーツ（約一五〇万円）、所有権移転時残額支払い、という条件でレンタカー会社から購入したものだという。彼は税関の指示に従って一五〇万バーツ（約七五〇万円）を支払うことに同意した。

当局によれば、これは紛れもなくESCAP工業部X氏の輸入した車だという。しかし当の本人は新入職員であり、外交特権を使った外車輸入の知識もこんな贅沢な車を買う資金的余裕もないと言っている。どうやらX氏の同僚である国連サポーティング・スタッフのミズ・スワンナが全ての計略をお膳立てし、彼は何も知らずに言われるままサインをしたらしい。当局はミズ・スワンナから事情聴取する予定である」

X君は大学卒業間もない独身青年である。ミズ・スワンナは国連ルールに疎い新入職員の外交特権を使ってひと儲けしようと企み、彼に近づいたらしい。X君は彼女の色仕掛けにまんまと嵌って肉体と交換に密輸の片棒を担がされた、というのがESCAP雀のもっぱらの噂であった。

なお、X君は日本人青年である。「バンコクポスト」はこの事件を実名で報道したが、最大の被害者はX君だったのかもしれない。

国連職員のベンツに関する不正事件はきりがないし、触れているとだんだん不愉快になるが、最後にもう一つだけ、「バンコクポスト」八九年五月五日付紙面から転載する。

「五年前税関に押収されたベンツの返還を求めて起こしたESCAP職員の訴えは却下された。

フィリピン出身の国連職員ゴンザレス氏は一九八三年、外交特権を行使し免税でメルセデスベンツ280を輸入した。しかし、翌年、タイ国籍の民間人、ピラポン氏にこのベンツを売り払った。このことを突き止めた当局はこのベンツを押収した。これを不服としたゴンザレス氏は二三万五七五〇バーツの返還を求めて裁判を起こしていたが、却下されたものである。

裁判所の判決は、外交特権のない者に車を売っておきながら税金逃れをしようとしたケースであり、『当局の車差押え』は合法的な行為である、というものだった」

さて、以下は八〇年代の話ではなく、現在（二十一世紀）の話である。国連職員の外交特権を利用した高級車の不正輸入は、ESCAPの地域的現象かと思っていたらそうではなかった。最近の新聞報道によれば、ニューヨークの国連本部でも発生しているではないか。新聞によると、疑惑の主は国連前事務総長アナン氏の長男である。いや、氏の長男だから報道されたのであって、その陰には報道されない種々の類似事件があるかと想像される。

アナン前事務総長の長男コジョ氏は九八年末、三万九〇〇〇ドルで高級車を購入したが、①その頭金三〇〇〇ドルを国連の人道支援事業発注先、スイス企業の副社長から借入し（「口利き」の見返りかとの疑惑）、②車を父親名義にして、六〇〇〇ドルの「外交官割引」を受け、③出身国ガーナへ輸送時には父親の外交特権を悪用し一万四〇〇〇ドルの関税を免れていた、という（「読売新聞」二〇〇五年九月六日付、概要）。

話を戻すが、それにしても、なぜこんなにベンツなど輸入高級車の人気が高いのだろう。私には理解に苦しむ現象だが、タイ国政府も同じ思いであったに違いない。

確かに、国内産業振興に真剣に取り組んでいるタイ政府にとって、この外交特権は喉に刺さった棘のように厄介な存在であった。バンコクに存在する国際機関の職員が、上は事務局長クラスから下は一般職員まで、せっせとベンツを輸入しては市場に吐き出す。それが合法的であろうと、非合法であろうと、政府としてはじりじりと苛立つ思いであったと察せられる。

その証拠に、タイ政府は外交特権に関する法律の改正案を度々発表しては、その都度引っ込めている。

この点でタイ政府に協力的なのは、ソビエト人と大多数の日本人くらいのものである。同じ社会主義国でも国連の中国人は大抵ベンツに乗っているのに、不思議なことにソビエト人はみんなエコノミーカー（日本車が多かったが）に乗っていた。わが課のソビエト中佐も毎日空色のカローラを運転してご出勤であった。

ソビエト出身の国連職員がエコノミーカーを使用しているのは政府の指導によるのだろうか。彼等は大抵、大使館や国連の掲示板に貼られた外交特権付きの中古車の中から手ごろな車を見つけ所有者と価格交渉を行なっていた。

ソビエト出身の国連職員は交渉が佳境に入り、希望の価格にあと一息というときになると決まってこう言って泣き落としにかかった、という。

「我々は国連からの給与を全額手にしているわけではない。給与の一部を国に吸い上げられていて手元不如意なのだ。全額もらえるあなたが羨ましい。そこでもうちょっと負けてくれないか」

五年毎に一〇〇〇万円近い不労所得を得ているベンツ組と比較して、何とも哀れを催す話ではないか。

負け惜しみついでにもう一言付け加えると、私の知る限りベンツはよく故障した。原因はタイの猛暑と高湿度のせいかもしれない。例えばM君のベンツはパワーウインドウにトラブルが生じ、度々ガレージに入っていた。彼はその都度、タクシーで出勤せねばならず、帰りは我々が途中まで送っていった。バーン博士のベンツはラジエターに問題があった。ディーゼルエンジンで博士号を持つ彼は、タイ国鉄のマカサン車両工場に愛車を持ち込み、自分で修理を始めた。あまり故障が多いので、頭に血がのぼったのである。

彼が、出勤前に工場に立ち寄るときは必ず電話をかけてよこした。

「失礼ながら、貴方はどこ製のポンコツ車にお乗りでしょうか」

私はこう言ってよくからかったものだ。

もちろんベンツには何の罪もない。しかしベンツが故障すると、なぜか正義が勝利したような快感を味わった。持たざる者のひがみである。

自慢じゃないが、私の中古トヨペット・クラウンはバンコク滞在中一度も故障したことがなかった。帰国する頃には走行距離がほとんど一〇万キロになっていたが、それでもトラブルは一度も経験しなかった。豪雨でバンコク中が水没したときは、車内まで浸水したにも拘らず、ごぼごぼと水中に排気ガスを吐きながら走り続けた。これは本当に運がよかったと今でも愛車に感謝している。シュマン博士はマツダの車に乗っていた。ルノーやプジョー、シトロエンといったフランス製の名車が手に入らなかったので日本車にしたのかもしれなかった。そして、日本車の大ファンになって故郷に帰っていった。

これらの日本車の難点を強いて挙げれば、やはり帰国時の車の処分であろう。私の場合、マートさんの助言に逆らったこともあり、自分で嫁ぎ先を探さねばならなかった。ところが、時間をかければ欲しがる人は見つかるものである。愛車は六年ほど前の、義兄からの買い値に近い値段でタイ人に引き取られた。日本なら処理費を付けて引き取ってもらうところなのに。

ついでにM君の車の結末についても触れておこう。

運輸部に籍を置くバーン、シュマン、M君の三氏は、それぞれの本国が経費を負担し派遣している専門家（NRL）で、NRLの国連での任期は最高五年と決められていた。従って、M君は一九八九年六月に任期が切れた。しかし、アジア鉄道グループの活動は最盛期を迎えており、彼は余人をもって代えがたかった。そのため、彼に残ってもらい、引き続きコンサルタントとして仕事を継続してもらうことになったが、残念ながら彼は外交特権を失った。つまり、彼はベンツを手放さなければならなくなったのだ。あと数ヶ月ほど待てば、彼のベンツは外交特権の元で五年の満期を迎え、高い利益をもたらすはずであった。このことは勿論M君も承知していた。一方、これを聞いて喜んだのはマートさんである。外交特権を持っているはずのないマートさんが、M君のベンツ190Eをほとんど原価で引き取ってしまったのだ。これは手品のような話であった。

どうやって引き取ったか。種明かしされるとマートさんの巧みさに恐れ入るより他なかった。法には一切触れずに富を生み出す秘策はやはり彼の大学ノートにあったのだ。実は彼のノートには、外交特権があるのに車を持っていないタイ国駐在外交官のリストも用意されていた。マートさんはそのリストの中の一人から外交官の権利を借り、車をしばらく彼の名義にしておいたのである。勿論、その外交官の承諾を得、相当の謝礼をした上での話であろう。即ち、M君のベンツはマートさんを介してその外交官の名で登録された。それから静かに数ヶ月の時を待った。そしてベンツの満五年の年季が明ける。するとたちまち、購入価格二百数十万円のベンツ190Eは一般市民が誰でも無税で購入できる車に変身する。こうして、M君のベンツは約九〇〇万円の価格でタイのお金持ちに引き取られていったそうである。その差額はもちろんマートさんのポケットに入った。

M君の国連での資格はコンサルタントに変わったけれど、仕事上は何の変化もなかった。彼の部屋も、仕事の中身も、部長や仲間の彼に接する態度も、すべて以前と同じであった。ただ、彼の通勤用の車だけは、白ナンバーの、中古のエコノミーカーに変わった。

白ナンバーの車を窮屈そうに運転しているM君を見る度に、複雑な気持ちになったものだ。

ところで、ベンツ仲介業のマートさんのその後についても触れておこう。彼は私が帰国した後、しばらくして国連を退職したという。定年前のいわゆる若年退職である。

国連の年金制度では、勤続年数がある年数に達すると、それ以上勤務を続けても将来支給される年金額が増えないという。いわゆる頭打ち制度である。そこで合理的な人は頭打ち年齢に達したときに転職を考える。ブリンナー氏も女性秘書長も、マートさん同様早期退職組だが、理由はこの年金制度にあるらしい。

ところが気の毒なことに、マートさんは退職して間もなく癌を患って他界した。そして、中古車売買で作った彼の遺産は、彼の遺言に従って仏教寺院に寄進されたという。彼は熱心な仏教徒であった。国連現役時代もときどき寄付していたのは知っていたが、残りの財産も可能な限り寄進したと聞き、彼らしいピリオドの打ち方だ、と故人を偲びながら噂した。

マートさんというのは無論本名ではない。彼にはれっきとしたタイ人の名前があった。国連ビルの中古車市場《ユーズドカー・マート》を牛耳っていたためにそう渾名したまでである。

## 3
## 悪質運転手を解雇する方法

オーストラリア出身の社会開発部長、N夫人がＥＳＣＡＰを辞して帰国することになった。キャンベラの大学で教授として教鞭を執るそうである。彼女は、豊かな専門知識と温厚な性格を兼ね備えたスペシャリストとして、ＥＳＣＡＰ職員や加盟国の人々にとても評判が良かった。惜しい人材が一人、ＥＳＣＡＰから去って行く。

Ｎ部長のもとでＥＳＣＡＰ職員として勤務していた妻は、彼女にとてもお世話になっていた。そこで、感謝を込めて送別昼食会にご招待したところ、快く受けてくれた。

予約した和食レストラン「大黒」は街の中心部、ルンビニ公園の近くにあった。ＥＳＣＡＰから車で三〇分程の距離である。

当日、我々夫婦は国連ビルの正面玄関で落ち合い、そこでＮ部長をピックアップした。彼女が車に乗るとき、新しく採用したばかりの私の運転手が照れ気味に会釈し、彼女も会釈で応じたのに気がついた。二人は顔見知りだと思われた。運転手を見たときの彼女の顔に、一瞬、不思議なものに遭遇したような陰がさしたが、そのときはあまり深く考えなかった。

食事が始まって会話が弾んだ。彼女はＥＳＣＡＰでの思い出を、遠くを見るような目になって話したり、大学教授の抱負を楽しそうに語ってくれた。笑いの絶えない昼食であった。

食事がデザートになり、話にひと呼吸入ったときを見計らって、私はＮ部長に尋ねてみた。

「ところで、我が家の新しい運転手をご存知のようですね」

すると、彼女はピクリと体を動かし、急に真顔になって、

「あの運転手が貴方のところにいるなんて。一体どういう経緯《いきさつ》で彼を雇うことになったのでしょう。知っていれば私が止めたのに」

と言って頭を下げ、体中で恐縮するのだった。

「彼は私の友人の運転手でした。実は、あの運転手は勤務態度が大変悪くて、友人はどうやって首を切ろうか、しきりに頭を痛めていたのよ」

妻と私は驚き、固唾《かたず》を呑んで彼女の話に耳を傾けた。

「ところが、先日オーストラリア人会で彼と会ったら、『やっと、あの運転手を解雇できました。雇ってくれた奇特な人がいました』と彼が言うので、それはよかったと言ってあげたのよ。何とまあ、その雇った人というのがあなたたちだったとは。同国人として本当に恥ずかしい」

彼女はこう言って再び頭を下げた。

バンコクで運転手を雇うとき、満足できる運転手と遭遇するのは容易ではない。これは車を手に入れたときからよく聞かされた言葉である。しかし私は運が良かった。車が手に入ると同時に雇った運転手は、真面目な勤務態度、慎重な運転、それに最小限の英語力と、若いのにすべての点で申し分なかった。従って、何の問題もなくこれまで雇い続けてきたのである。ところが、その彼が、突然、辞めたいと言い出したのだ。二ヶ月近く前のことである。彼の叔母が経営しているタイレストランを手伝うため、カリフォルニア州に行かねばならない、と彼は恐縮した。当時米国ではエスニック料理がブームで、経営者の姉に当たる彼の母親も、請われて先に渡米したそうである。

それから何日か経って、彼は一枚のチラシを持ってきた。後任の運転手探しに協力しようというのだ。彼はそういう思いやりのある青年だった。

チラシは"To whom it may concern."（関係各位）という見出しで始まり、一人の運転手を紹介していた。

関係各位

私は現在、信頼できる運転手を一名雇用しており、主に学校に通う娘の送迎を任せている。しかし、私の家族は家庭の事情で娘の休暇に合わせて帰国し、以後、母国オーストラリアに留まる予定である。家族の帰国後、私は単身でバンコクに滞在するため運転手が不要になる。

私の運転手は、私たち家族のために献身的に運転業務に励んでくれた。特に、娘の学校への送り迎えには寛大な心で接してくれ、娘も彼に懐くほどであった。私たち夫婦は、娘を安心して彼に任せることができ、彼には大変感謝している。

このように素晴らしい、責任感の強い運転手を手放すことは、家庭の事情とはいえ、大変残念なことだと思っている。もし、国連職員の中に運転手をお探しの方がおられるなら、私は二つ返事で彼を推薦したいと思う。

関心をお持ちの方は下記番号まで御連絡されたし。

ＥＳＣＡＰ、××部
電話、氏名

「この運転手を知っているか」と運転手に聞いてみた。

「知らない」と彼は答えた。「しかし、国連職員がこれだけ推奨しているのだから、コンタクトしてみてはいかがでしょう」

確かにオーストラリア出身の国連職員なら、まず信頼できそうだし、接触してみる価値はある。私は早速、オーストラリア人と連絡を取った。

その後は、ごく普通の手続き、つまり、紹介を受けた運転手の個人面接、一ヶ月の試用期間を経て、つい最近、正式に採用したのだった。

これが、この新しい運転手を採用することになった経緯である。

「うーん」

私の話を聞いたN部長は唸った。それからこう付け加えた。

「私の友人はお嬢さんのセキュリティを大変心配していたのね。解雇通告は一ヶ月以上前にやるのが普通でしょう。運転手を下手に解雇して、もし感情的にこじれたら、娘に何をされるか分からない。あの運転手はたちが悪そうだから。彼はこう言って随分悩んでいたものね。でも、嘘の情報で人に押し付けるなんて。やり方がよくない」

そういってから、再び、「本当にごめんなさい」と同国人に成り代わって謝った。彼女はそれから間もなく帰国した。

その翌日から私たち夫婦の日常生活に緊張が加わった。車に乗るときの二人の態度ががらりと変わったのだ。それまで、取り留めのない会話を楽しむか、瞑想に耽っていた二人は、しっかと目を見開いて前方を注視し、運転手の一挙手一投足を監視するようになった。

しかし、我々の努力にも拘らず、運転手の本性は彼にとりついた悪霊のように現れ始めた。まず、給料日の翌日はときどき連絡なしに欠勤した。二日酔いのポカ休である。給料前には「アドバンス・ペイ」といって前借を要求した。英語は全くだめなのに、こんな英語だけは知っていた。また、私のお手伝いさんから金を借りることもあった。ガソリンがなくなったから入れてくると彼女を騙し、自分の胃袋のガソリン代にしたらしかった。車のガソリン効率が急に悪くなったのもその頃からだ。お手伝いさんに言わせると透明のビニールパイプをタンクに差し込んでガソリンを抜き取っていたらしい。

更に困ったのは待たせているはずの場所からいなくなることだった。特に夜の会合時にそうなることがあるのだ。やむを得ず自分の車を諦めてタクシーで帰宅したこともあった。これでは子供の送り迎えは任せられないな、とオーストラリア人に変に同情したものである。

この運転手を、感情をこじらせずに、どうやって解雇するか。今度は私が頭を悩ます番になった。私にばばを引かせたオーストラリア人はその後、特に悪びれた様子もなかった。今まで同様オフィスで会うと「やあ」と笑顔を見せて私に挨拶した。N部長が暴露したことなど、全く知らない素振りなのだ。無責任な国連職員である。

いつものように、漢方薬のようなコーヒーを飲みながら、M君と朝の情報交換を行なっているとき、この怪《け》しからぬ国連職員のことを話題にしたことがあった。すると、M君はあまり驚きもせずに、国連職員だからといって、簡単に信用してはだめですよ、と私を戒めた。それから、国連職員の品性を疑うようないくつかの逸話を話してくれた。

タイでは昔、国連職員も外交官と同じようにガソリンが免税だったそうである。領収書を添えて申請すると納めた税金が還付されたという。しかし、ガソリンの横流しなど、この制度を悪用する国連職員に手を焼いたタイ政府が、国連職員に限り、制度の適用除外にしたそうである。

言うまでもなく、国連職員の大半は、国連の高邁な理想に相応しい清廉かつ真摯な人々である。彼らはその任務に生き甲斐を見出し、人に役立つことに喜びを感じつつ業務に励んでいる。しかし、どんな組織にも一握りの不心得者は存在するものだ。それは国連でも例外ではなかった。

国連職員には任務遂行上や待遇を考慮して幾つかの特権が与えられている。外交特権を有するパスポート（いわゆるLAISSEZ-PASSER《レッセ・パッセ》）や、前述の自家用車に加え、酒類、タバコ、食品雑貨類の免税措置などがそれである。特権を有する者はその行使に細心の注意を払うものだが、残念ながら一部の不心得者はそれすら悪用する。その結果、国連職員全体のイメージを下げ、国連への信頼を低下させた。時として、国連任務の遂行に支障をきたすことすらあったのだ。これは人類にとって不幸なことである。

# 第5章 国連の不思議

## 1 長い空席ポストの何故

雨季が明けたかと思わせる晴天が何日か続いた後、久しぶりにスコールが降った。小降りになった雨音を聞きながらプロジェクト・プロポーザル（提案書）を書いているとM君がやって来て、タイ語のクラスは退学してしまったのかと聞いた。

私は九月初旬からＡＵＡ（American University Alumni）のタイ語初級クラスに通い始めていた。タイに住んでいるのにタイ語が話せないのはタイ人に失礼な話だと思ったし、タイ語が話せるとここでの生活が一層充実すると考えたからである。幸い我が家のお手伝いさんは日本語が話せたが、運転手への込み入った指示にはタイ語が必要だったことも頭にあった。

ＡＵＡはバンコク中心部に近いラチャダムリ通りにあった。クラスは四時半に始まったから夏時間ならラジャダムナン北通りの国連ビルからでも通えた。

ところが、部長代行という予想もしない荷物を背負い込むことになって計画が頓挫した。部長代行期間中は雑用に忙殺され、出席はほとんど不可能だった。

「ギブアップだ」

両手で放り出すようなジェスチャーをしながらこう叫ぶと、

「それなら、今日はタイ語の補習に行きましょう。部長代行の慰労と気分転換も兼ねて」

と、にやにやしながら妙な提案をする。早い話が、タイ女性のいるスナックバーで一杯やらないかと婉曲に誘っているのだ。

私に異論はないので、話は簡単に成立した。仕事が一段落したのを見計らって、二人は国連ビルを出た。Ｍ君は愛車を国連ビルの駐車場に入れて、私の車に乗り込んだ。彼はタイ人の義兄弟に軽蔑されないように自分で運転していた。一方、運転に不慣れな私は、日本大使館の指導もあって、運転手を雇っていた。タイの交通道徳や事故時の言葉の問題を考えると、タイでの運転は極力避けたほうがよい、というのが日本大使館のコメントである。

目指すスナックバーは日本人が好む歓楽街にあった。スコールの後の雨水がビルやアーケードの屋根から滴っていて、通りのいたる所に水溜りができている。

地味なビルのコーナーに「O」と読める看板を見つけて、二人は階段を上り、中に入った。M君推薦の店はカウンターだけの小さな店である。十人も座れば一杯になりそうな店だが、まだ早いせいか他に客はいなかった。

カウンターの中に若い女性が二人いて、笑顔で「サワディ・カ（こんにちは）」と挨拶する。「サワディ・クラップ（こんにちは）」とこちらも応える。女性はどちらも若く、感じがよい。ここならAUAよりタイ語の上達が早そうだ。

二人は早速ビールを注文した。ねっとりとした湿気と熱暑のせいで、駐車場からここまでほんの少し歩いただけなのに、すっかり汗ばんでいた。ビールを注ぎ終わるのももどかしく、「チャイヨー（乾杯）」と言うと、液体を一気に喉に流し込んだ。グラスを空け、大きく息を吐いてから、改めて店内を見渡してみた。落ち着いた雰囲気の静かな店である。ここなら仲間とのちょっとした談笑や待ち合わせに使えそうだ。それに、値段も手ごろだという。

国連勤務を始めて以来、M君との情報交換はお互いの業務遂行上、必要不可欠な行為になっていた。それは朝のコーヒータイムのひと時が多かったが、勤務の合間や勤務終了後スコールが止むのを待つ間のこともあった。そんなとき、軽く一杯やりながら情報交換ができる、気のきいた店があればいいねと言っていたものだから、彼が見つけてきたのだった。この店はタイ在住の日本人に紹介されたそうである。

スパイシーなヤムウンセン（春雨サラダ）やトドマン（薩摩揚げ）など、タイ料理の定番が卓上に並ぶとビールは進んだ。ビールが進むと話も弾む。話が弾めば話題は自ずと仕事上の当面の課題に収斂した。その頃の課題といえば、まず国連での活動資金である。

「君やバーン、シュマンの両博士は派遣専門家だからいい。本国から活動資金の支援があるからね。羨ましい話だ。それに引き換え、国連職員は惨めなものだ。プロジェクトがないと、出張はおろか、国際電話一本かける金もない」

私は愚痴をこぼした。国連着任早々、業務で国際電話をかけたのにポケットマネーで支払わされた苦い経験を思い出したからだ。例の、中国のためのコンテナ・セミナーを実現しようと四苦八苦していたときのことである。

講師派遣の依頼を出したのに相手国からは待てど暮らせど返事は来なかった。痺れを切らした私は日本や米国等、何ヶ国かの相手に電話をかけて催促することにした。

国際電話をかけるとき、ＥＳＣＡＰでは交換手を通さなければならない。こう教わったのでまず交換手を呼び出す。それから自分の所属と名前、相手先の電話番号を告げ接続を依頼する。すると交換手は私に問い返した。

「Your account number, please.」

意味が分からなかった私は「アカウントナンバーとは何のことか」と素直に聞き返した。すると交換手は「それなら結構」と言って電話を繋いでくれたのである。私は交換手の親切な扱いに感謝した。ところが後日、私に多額の電話代請求書が送付されてきたではないか。驚いて秘書に尋ねると、

「交換手の言うアカウントナンバーとは特別予算（XB、Extra Budget の略）の予算番号のことです。残念ながら鉄道にはXBのプロジェクトはありません。従って国際電話に使える予算もありません。通常予算（RB、Regular Budget の略）は部長以上しか使えないことになっていますから、恐縮ですが今回は課長の自己負担でお願いします」

秘書は私に同情しながら、こう説明した。

ESCAPの予算には通常予算と特別予算の二種類があるそうだが、通常予算には職員の人件費や定例会議費、事務所の維持管理費など、ESCAPの通常活動に必要な予算しか含まれていない。一方、特別予算とは、ドナー（資金提供国または団体）から支援を受けて行なっているプロジェクトの予算のことで、これには活動費が付帯している。つまり、XBプロジェクトがあれば旅費や電話代などの活動資金はそこから支弁される。しかしXBがなければ、どうしようもないのだそうである。

国連に来て最初に感じた不可解な話とはこのことだ。ESCAPが正式に決定した中国プロジェクトを実行するのに、他のプロジェクト予算（XB）を流用しろというのは変だし、プロジェクト

がなければポケットマネーで支払えというのはもっと変ではないか（手紙とテレックスでやりくりすれば公費で賄える、という意見もあったが差し迫ったときには馴染まない）。

そもそも、ＥＳＣＡＰの重要な任務の一つは「加盟国に技術的支援を与える」ことだ。しかし、前述の通りＲＢには定例行事的活動以外の活動予算は含まれていないと言っていい。技術支援を行なうためには、ドナーを探しＸＢを手に入れる以外しようがないのだ。ではまずドナー探しから始めようとする。ところがドナーを探すための活動資金がないという。これでは、ポンプで水を汲んで欲しい、しかし呼び水はないよ、と言っているようなものではないか。まったく不思議な話だ。

愚痴はさておき、ここではＸＢプロジェクトを持たないと話にならない。私が、プロジェクトを作成してドナーに売り込もうと必死になっている理由はここにあった。部長代行などという〝つまらぬ〟雑用に忙殺されていられないのだ。

Ｍ君は穏やかな顔をして相槌を打ちながら、何度か聞いたはずの私の愚痴に、静かに耳を傾けていた。それから溜息混じりに質問とも独り言とも取れる言葉を呟いた。

「それにしても我々二人が着任する前、鉄道チームは一体何をしていたのでしょうね」

「少なくともこの一年、鉄道にはＸＢプロジェクトがなかった。つまり活動資金がなかったということだ。それなのに中佐は退屈もせず、よくゆったりと構えていたものだね。強いて業務を挙げれば、ソビエトで二年に一回開催するＥＳＣＡＰ鉄道セミナーくらいのものだろう。後は暇に飽かしてGRUの特殊任務に専心していたのだろうね」

私はM君も知っている事柄を整理するように続けた。事実、当時は西側諸国に比べ東側諸国には外貨がなかった。ソビエトですら、ESCAPへのXB協力は自国でESCAPセミナーを開催するくらいが精一杯だったのだ。アエロフロート（ソビエトの国営航空）を使って参加者をソビエトに招待すれば、外貨をほとんど使わずにすむからだ。西側がソビエト情報将校の支援要請に応じるはずはないし、技術協力プロジェクトのドナー探しは中佐には無理だ。

部長はそれを十分承知していながら、鉄道課長ポストを一年も空席のまま放置しておいた。途上国の鉄道はどこも、喉から手が出るほど技術支援を欲しがっているというのに、一体どういう了見だろう。

ポストの呆れるほど長い空席。これは二つ目の不可解な話だった。鉄道課長ポストの空席は一年強だったが観光課長のポストは一年半以上経っても未だに空席のままで補充の気配すらなかった。

空席でも不自由しないということは、なくても良いということだ。日本ならこう判断されて直ちにポストや部署が廃止されるだろうに、理解し難い不思議な話である。

同じ国際機関でも世界銀行の人材確保はかなり機動的だ。世銀の人事担当は定期的に世界各国を回り、適材の確保に努めているという。人事担当の話に惹かれ、世銀勤務を希望する人は書式に従った願書を提出する。書類審査に合格するとポテンシャル・キャンディデイト（潜在候補者）と呼ばれ、ローカル・インタヴュー（当該国での面接）を受ける資格ができる。例えば候補者が日本人だとすると、日本または日本の近隣諸国に出張した世銀職員が日本で候補者に直接会って面接を行なう。これに合格するとオフィシャル・キャンディデイト（正式候補者）と呼ばれ、世銀の費用でワシントンの世銀本部に招待され、最終面接を受ける。晴れて合格すると世銀の雇用候補者名簿にリストアップされる。この名簿には常時世銀に相応しい人材がリストアップされていて、空席が生じると、このリストからポストに相応しい人材を選び出し発令するという。国連ＥＳＣＡＰはこうした世銀の機動的な人事雇用システムを学ぶべきである。そうすれば、重要ポストが長期間空席になるという非常識は生じないし、忌むべきプロジェクトの不連続性も避けられるはずである。

それはさておき、ＥＳＣＡＰにもポストの空席時、プロジェクトの不連続性を避ける最小限の手段はあるという。一定の資金以内でコンサルタントを雇用し空席の弊害をカバーする制度である。

確かに私の着任前、何人かコンサルタントを雇用した形跡があった。そして彼らが書いたと思われる報告書も（あまり役立ちそうもないとはいえ）いくつか残っていた。

ところが、この制度に関し更に不可解な噂が聞こえてきてＭ君と私を混乱させた。ポストの長い空席は意図的に作られたものだ、コンサルタントを雇うために部長は制度を悪用している、という陰の声である。

貧しい途上国の人々がＥＳＣＡＰに半月も雇われれば、本国での一年分かそれ以上の収入が期待できるのは事実である。部長がこの事実を利用し、途上国の知人にチャンスをばら撒いていい顔をしているのだ、と噂の主は言う。

私がまさか、と声を発すると、

「状況証拠だけで物証はない。しかし他に説得力のある理由が見当たらないだろう。それに意図的行為ではないと部長が主張したとしても、結果がそうなっている」

と噂の主は譲らなかった。そういえば、ベンダさんは部長のことをsly（ずる賢い）と表現したことがあったが、このことだろうか。

事実とするなら部長は一体、途上国の人々から何の見返りを期待しているのだろう。M君も私もその答えを持ち合わせていなかった。

さて、話題を国連の活動資金に戻そう。幸い、国連赴任の準備中に、私は国鉄国際協力室の協力を得て、いくつかプロジェクトの草案を作っていた。その中に比較的完成度の高い「途上国のための低コスト電化計画」(註1)というプロジェクトがあった。

「大都市の交通渋滞緩和には都市鉄道の導入が必要だが、そのためにはまず鉄道電化が不可欠だ。廉価な電化方式を提案して鉄道電化を促進しよう。そして最終的には都市鉄道の普及に繋げよう」

というのがプロジェクトのそもそもの趣旨である。つまり、システムの信頼性は多少落ちるが建設コストを大幅に低減した電化方式を提案し、ドナーの支援を求めていた。途上国の大都市都市交通問題解決の根本に係わる、即効性のあるプロジェクトである。

この提案書を日本政府に提出しようとして最終チェックをM君にお願いしていた。M君は車両系統に属する技術屋だが、大学では電気工学を専攻しており、この分野にも明るかった。

その頃M君が多忙なのは承知していた。彼がリーダーとして活動を開始した、アジア地域初の鉄道統計作成だけでも膨大な業務量なのに、タイ国鉄からは電算化計画アドバイザーを依頼されていたのだ。その上こうして折に触れての雑用を嫌な顔一つせず引き受けていたのである。

今日は、感謝を込めて私の奢りにしようと考えた理由はここにあった。ちょっと安くて恐縮だが、当方は自腹で国際電話をかけなきゃいけないような貧しい身。これくらいで勘弁していただくとしよう。

そう考えていると、女性が歌の本を何冊か抱えてきて、「そろそろ、カラオケはいかがですか」と声をかけた。とてもいいタイミングだった。

## 2 安保理は臨床医学、ECOSOCは予防医学

国連ESCAPへの採用が決まり、赴任の挨拶を行なっていたとき、何人かの友人は真摯な眼差しの中に冗談を含みながら私に尋ねた。

「国連の、その、製薬会社の商品名のような組織は一体、何をするところなの」

ESCAPを製薬会社の商品名と言われて正面から返答しにくかった私は一寸ひねって禅問答の

ように答えたものだ。

「国連とは、国際社会の健康に携わる病院みたいなものだ。国連という名の病院は臨床医学と予防医学を担当しているが、ＥＳＣＡＰは予防医学が専門だ」

すると大抵の友人は意味が飲み込めず、目を白黒させる。私はそれからおもむろに説明に入ることにしていた。

国連といえば、誰もが、まずニューヨークの国連本部を連想する。そして、国際間の平和と安全の維持がその任務だと考える。しかし、これらは国連憲章が国連の目的を達成するために設けた六つの主要機関の一つ、安全保障理事会（安保理、Security Council）の任務である。

安保理の活動は正義の味方、月光仮面か鉄腕アトムを見るようで感動的だ。実際、安保理は国際間の平和と安全が損なわれた場合、紛争という名の病状を診断し、摩擦回避の処方箋を作り、薬を与えて健康の回復に努める。また、必要ならば制裁という名の食事制限を課し、事態が深刻な場合には武力行使という名の外科手術まで行なって患者救済に努める。安保理の仕事は臨床医学によく似ている。臨床医学とは「基礎医学に対して、病人を実地に診断・治療する医学」（『広辞苑』）のことである。

安保理の活動は分かりやすいとみえて、聞く人は臨床医学だという比喩に素直に納得する。マスメディアのお陰で、誰にも予備知識があるからだろう。

一方、ＥＳＣＡＰは経済社会理事会（ECOSOC　Economic and Social Council）が持つ五つの地域委

員会の一つで、ＥＣＯＳＯＣもまた国連憲章が設けた六つの主要機関の一つである。こちらは予防医学が担当だが、残念ながら世間にあまりよく知られていない。ＥＣＯＳＯＣが担当する「国際的経済社会問題」という分野が地味で、その重要性にも拘らずマスメディア受けしにくいからだと思われる。

第四十回ＥＳＣＡＰ総会は、節目を記念して日本政府がホストを務め、一九八四年四月に東京で開催された。まだ国連職員候補生だった私にも、幸いチャンスが与えられ、傍聴に出かけた。そのとき、何度か耳にし、印象に残った言葉が、「飢餓と貧困の撲滅（eradication of poverty and hunger）」と「そのための技術習得の必要性」であった。開会挨拶には、途上国の二十一世紀の生活水準は科学技術の習得度で決まる、との主張さえあり、これから勤めようとしている国連ＥＳＣＡＰの任務と役割を理解した（ＥＳＣＡＰ年次報告、一九八四年）。

ＥＳＣＡＰは諸悪の根源である「貧困を撲滅する」、そのために「有効な技術支援を行なう」という役割を担っているのだ。

事実、外務省の解説を見ると、ＥＳＣＡＰの活動目的を「アジア太平洋地域の経済社会開発を促進すること」とし、その活動項目の中に、「技術上の指導のほか開発計画の立案、指導」、「さまざまな地域協力の方途の具体化計画を立案し、その実現を推進する」ことなどを挙げている（外務省資料「ＥＳＣＡＰについて」一九八七年二月）。

しかも率先垂範、日本政府はＪＥＣＦ（日本ＥＳＣＡＰ協力基金）という資金を持っていて、加盟国への技術支援プロジェクトや経済成長を刺激するプロジェクトのうち、有効だと思われるものに毎年三〇〇万ドル程度の資金協力を行なっていた。ちなみに、一九八六年には二五プロジェクトに約二八二万ドル、一九八七年には三〇プロジェクトに約三二〇万ドル、一九八八年には二九プロジェクトに約二六五万ドルの支援を行なっている（一九八八年在タイ日本大使館国際機構班資料）。

これらＥＳＣＡＰの任務と活動は今も基本的に不変のようで、国連広報局監修の『国際連合の基礎知識』二〇〇五年版（世界の動き社）には、同様の活動内容がもう少し具体的に記述されている。例えば、ＥＳＣＡＰは「社会開発について加盟国政府に技術的な支援を与える」とか、「経済成長を刺激するような計画やプロジェクトを実施し、経済社会状態を改善し、近代化の基礎造りを助ける」といった風にである。

また、同書の「経済社会開発」の章には以下のような表現がある。

「ほとんどの人は国連を平和と安全の問題に結び付けて考えるが、国連資源の大部分は実際には『一層高い生活水準、完全雇用並びに経済的及び社会的進歩及び発展の条件』を促進するという国連憲章が定めた誓約の実行に振り向けられている。（中略）こうした国連の努力を導いてきたのが、世界の全ての人々の経済的、社会的福祉が確保されてはじめて恒久的な国際の平和と安全が達成されるとの信念であった」

この文の意味するところを個人的に解釈すると、安保理が行なうテロや紛争の処理はもちろん重要であるが、国連の活動は、それらの温床となる〝貧困の撲滅〟により力点が置かれてきた、という意味だろう。この世の不幸は直接的、間接的を問わず、すべて貧困と繋がっているという発想である。

例えばテロを考える。満足な働き口もなく社会からはみ出した青少年や、すきっ腹を抱えて街を彷徨《さまよ》う子供たちはアジアの途上国ならどこにでも存在する。そんな彼らを三度の食事と温かい寝床を餌にして誘えば、彼らのほとんどはその誘いに乗るだろう。それから、彼らをアジトに集めて洗脳教育と軍事訓練を集中的に行なう。そうすればテロリストの予備軍は育ち、自爆テロリストの育成に不自由しないだろう、とマスメディアは伝えている。ここでも諸悪の根源は貧困なのだ。

プロジェクトの提案書を書きながらふとペンを止めて考えることがある。また都市交通セミナーの開催地、例えば東京で通勤鉄道を参加者に見学させながら考えることもあった。この活動がどれだけ〝貧困の撲滅〟に役立つのだろうか、と。国際的経済社会問題への取り組みはそれくらい即効性の乏しい、牛歩のような活動である。貧困という名の妖怪の退治には特効薬はない。ひたすら地道な努力を続けるしかないのだ。

その意味で、経済社会開発の活動は病気に罹らぬように健康を管理し保健指導を行なう「予防医学」とよく似ている。

規則正しい日常生活や安全でバランスの取れた食生活を指導し、感染症の危険から身を守る手立てを教える。予防医学とは、「健康を損ねる因子を防ぎ、取り除くことを目的とした医学」（Yahoo!百科事典）のことである。

予防医学はドラマ性がなく大変地味だ。しかし、臨床医学と同様、大切な分野であることに変わりはない。同様に、ＥＳＣＡＰの仕事は地味で目立たぬが、とても重要な仕事なのだ。安保理は臨床医学担当、ＥＣＯＳＯＣは予防医学担当というと分かりやすい。安全保障理事会と経済社会理事会の違いを一般の人に咀嚼して説明するために、私はよくこの喩え話を利用した。

# 第6章 ナポレオンとその仲間たち

## 1 加盟国から国連を学ぶ

十二月上旬、中国セミナーを終えてバーン博士が帰任した。出勤すると直ぐ私の部屋に顔を出したのでM君と一緒に話を聞いた。

「大成功だった」開口一番こう言うと、博士は私に握手を求めた。もっとも、彼の表情からセミナーの成功は直ぐ読めた。この典型的なベルリンっ子は、顔の表情と心の中が一致していて、とても分かりやすい。

カナダ人が問題にした「同じテーマを複数国が担当する」件も問題なかったという。むしろ、「カナダの場合」とか「日本の場合」のように、同じテーマを別の角度から講義したほうが分かりやすく、好評だったそうである。

セミナー報告が一段落して雑談に入ったとき、博士は「それにしても中国人はたいしたものだ」と唐突に驚いてみせた。一体何がたいしたものなのかと私が聞くと、漢字の数だという。

「中国には約三万字の漢字があるらしい。その膨大な数の漢字を作ったこと自体驚きだが、それを誰もが全部覚えるそうではないか。二十六のアルファベットを覚えればよい欧米人とは桁違いだ」と、凸レンズの中で青い目を泳がせながらこう話し、それから、「今度はコンテナの技術だ。漢字で一杯になった彼らの脳細胞にコンテナ知識が入るスペースがあるのだろうか」と心配した。

「一寸待って。三万字は過小評価だね。ある学者によると、漢字は約五万字あるそうだ」

私がこう言って遮ると、「オー・マイ・ゴッド！」と言って両手を広げ、膝においていた書類を落としそうになった。日頃、自分は無神論者だと主張する博士の口癖が「オー・マイ・ゴッド」だから、彼の無神論もいい加減なものだ。

翌日、中国大使館から丁重なお礼の電話があり、併せて二人を昼食会に招待したいとオファーがあった。

二人は相談の上招待をお受けした。中国大使館ゲストルームで専属シェフが腕を振るった料理とホスピタリティで歓待されたのである。

それは思い出に残る楽しいひと時であったが、同時に中国政府のしたたかさも記憶に残った。この機会を利用して、新たな中国鉄道支援プロジェクトを二件、二人を通してＥＳＣＡＰに要請してきたのである。旨い料理に胃袋が買収されたとは思わないが、話題になった二件のプロジェクトは共に、後日実現の運びとなった。勿論ＥＳＣＡＰの正式な手続きを踏んでのことであるが。

考えてみれば、誠に嬉しい話である。国連ＥＳＣＡＰ鉄道グループが加盟国からこれほどまでに期待されているのだ。帰りの車の中での会話を思い出す度に笑みがこぼれた。

さて、支援要請の一つは、途上国を招いたＥＳＣＡＰ主催「軌道保守セミナー」の中国開催である。中国鉄道の自慢の軌道保守技術を域内途上国に紹介し、技術移転しようという企画で、これは一九八六年九月に実現した。もっともそのときもＥＳＣＡＰには資金がなく、Ｍ君と彼を派遣した日本政府（ＪＩＣＡ）の支援に助けられて何とか実現したのだった。出張の当日、Ｍ君は夏風邪で発熱し、赤い顔をしてふらふらしながら出かけて行ったが、その話は前に触れた。

もう一つは中国鉄道のための「長大貨物列車の運行（The Haulage of Heavy Train-load）」セミナーで、これは一九八八年八月に実現した。このセミナーにはコンテナ・セミナーと同様の手法が用いられた。即ち関係国に旅費負担での講師派遣をお願いしたのである。当時、中国は経済発展に伴って輸送需要が急速に増大していた。そこで輸送力改善施策の一環として長大貨物列車導入による効率化を検討していた。長大貨物列車とは一万トン以上牽引するスーパー貨物列車のことで石炭や鉄鉱石輸送によくみられる。日本では現在でも一三〇〇トン牽引が精一杯だから、その桁違いの牽引力がお分かりいただけよう。

なお、長大貨物列車セミナーはバーン博士の申し出により、彼が中心になって進めることになった。今度は、彼がカリキュラムの作成から講師派遣国探しまでの苦労を一人で背負ってくれた。そして、再び西ドイツ政府（GTZ）の支援を受けた博士が中国に派遣された。

初年兵の私にとって、中国セミナーは格好の学習教材であった。私はここから、国連活動について、実に多くのことを学んだ。プロジェクトの推進には、関係各国大使館担当との頻繁な接触が不可欠であると知ったのもその一つである。

ESCAP勤務の経過と共に知恵がつき知識が増加していく。すると知恵と知識の結晶である実行可能プロジェクトも増加する。プロジェクトが増加するとその量に相関して関係国の数もその交流密度も増加する。すると知恵と知識が更に増加するといった具合である。

一宿一飯の恩義ならぬ昼一食の縁で、中国大使館とESCAP鉄道課との交流は更に活性化した。交流は私の滞在中ずっと続いていたが、中国大使館のツォン氏の他にも、インド大使館のナラヤン氏、ソビエトのニコライエフ氏、フランスのビドー氏、カナダのギリアット氏、オーストリア、マレーシア、インドネシアなど、支援される側のみならず支援する側のESCAP担当者とも親しく交流することになり、その数は日を追って増加していった。

彼らとの交流が増大するにつれて私はあることを発見した。部外者との接触を通して外から眺めると、国連ＥＳＣＡＰが不思議にはっきりと見えるのだ。本質も演ずべき役割もよく見える。ＥＳＣＡＰは複雑でもなんでもない。実に単純明快なのだ。一見複雑に見えるのは国連のレッドテープのトリックだ。正に目から鱗が落ちる思いであった。

ＥＳＣＡＰには一方に支援を求める途上国、もう一方に支援可能な国や団体が存在する。私のＥＳＣＡＰでの使命は、この両者の間にあって誠実な仲介者《マッチメイカー》や有能なナビゲーターの役割を果たすことだ。そのために私たちはまず、両者の良き理解者であり有能な相談相手でなければならない。それから、支援を求める側のニーズに合致し、しかも支援者が魅力的だと賞賛するようなプロジェクトを創造して提案する。これも重要な役目の一つである。

「ＥＳＣＡＰは社会経済開発について加盟国政府に技術的な支援を与える。経済成長を刺激するような計画やプロジェクトを実施し、経済社会状態を改善し、近代社会の基礎造りを助ける」（『国際連合の基礎知識』より）

ＥＳＣＡＰは国連職員だけで成り立っているのではない。それどころか、主役はむしろ支援を求める国々や支援提供可能な国々（や団体）であって、国連とその職員は触媒的、黒子的存在だとすら思われた。

事実、関係各国大使館には、ＥＳＣＡＰ常駐代表や次席常駐代表という名の国連活動のもう一つの主役が存在する。彼らはＥＳＣＡＰに登録され、ＥＳＣＡＰ職員名簿にも正式に記載されている。職員名簿によると、各国の常駐代表や次席代表は、多くの場合、大使や公使、参事官や一等書記官が務めていた。

## 2　ミスター・ＥＳＣＡＰとナポレオン軍団

駐タイ日本大使館にも勿論、国連常駐代表と次席常駐代表は存在する。日本の場合、国連常駐代表は公使が務めており、三名の一等書記官が次席常駐代表として彼を補佐していた。三名のうちの一名はプロパーの外務官僚で、他の二名はそれぞれ官庁及び労働界出身のアタッシェであった。外交のプロと官庁及び労働界出身者という組合せは異色だが、異質の知識と経験がうまく嚙み合い評判が良かった。

外務省出身の次席代表はバンコク勤務が二度目のベテランで、その名は国連ＥＳＣＡＰでもよく知られていた。年は四十歳代後半である。彼は子供がなかったせいか、気が若くしかも非常に面倒見が良かった。そのためか彼の周囲にはいつも人が集まっていた。

「神様は全く不公平だ。自分には女性にもてない三要素がすべて揃っている」

冗談好きの彼は時々こう言って周囲の人を笑わせた。もてない三要素が何かはさておき、彼が背丈一五〇センチくらいの小男だったことは事実である。彼は仕事柄欧米人と接する機会が多かった。実際、会議場の片隅などで外国人と立ち話をする彼の姿をよく見かけたものだ。そんなときの彼は、謙《へりくだ》るように前屈みになった大男を前にして、両手を後ろに回し、きりりと絞った弓のごとく背筋を反って大男と対峙していた。この情景は滑稽で微笑ましく、人々は温かい視線を送ったものである。私とM君はこれを見て、アニメの「トムとジェリー」を想像したり、密かに彼を「ナポレオン」と呼んだりした。

ソビエト中佐は彼のことを「ミスター・ESCAP」と呼び敬意を表していたが、これにはまた別の理由《わけ》があった。

言うまでもないことだが、ここでは国際会議が頻繁に開催されていた。ESCAPの国際会議は全員一致が原則である。従ってどの会議も議事進行には細心の注意が払われたが、それでも議論が縺《もつ》れ、会議に終止符が打てないことが時折あった。妙案もなく膠着状態のまま深夜に突入し、会議場に疲労と倦怠が色濃く漂い始めたとき、「議長」という声がしてナポレオンの手が挙がる。会場には期待を乗せて小さなざわめきが起こる。すると隣席の中佐は私に、小声でこう語りかけたものだ。

「よし。ついにミスター・ESCAPの登場だ。これで一件落着。まもなくお開きだ」

実際、ナポレオンは中立公平な日本の立場を背景に、膠着した会議の流れを読みながら受け入れやすい収拾案を提示して、会議を一件落着に導いたことが何度かあった。そのときの彼はみんなの救世主であり、中佐のみならず会場全員にとってのミスター・ESCAPだったのだ。

ナポレオンはバンコク中心部にある、旧式だがとても広いアパートに住んでいた。アパートの直ぐ裏には高速道路とタイ国鉄の貨物線が走っていて、窓を開けるとけたたましい車の音が飛び込んできた。その上、ディーゼル機関車の警笛と転動音が追い討ちをかけることもある。バンコク市内には、モダンで環境良好なマンションが次々と建設されていた頃なので、「これは不思議な選択だ」と周りの人々は考えた。

「飼っている二頭の犬のことを考えたのさ。アフガン犬は大きいし、運動する場所が必要だからね。ここなら犬が騒いでも苦情がくる心配がないし」

ナポレオンは仲間の疑問にこう説明した。

ところが、この広くて騒音OKのアパートが、ナポレオンの仲間にとっても、誠に都合がよかったのだが、これは正に怪我の功名というものだろう。

ナポレオンの周囲に集まる仲間をナポレオン軍団と呼んだ。バンコクの国連機関には、当時、大勢の日本人が勤務していたが、そのほとんどが夫人を含めてナポレオン軍団だったと思われる。そしてナポレオンからパーティの情報が流れると直ちに集まった。

青年海外協力隊の若者がタイの農村部やラオスからやってくる、あるいは外務省国連局（当時）の担当官がバンコクに出張してくる。すると、ナポレオンは彼らを自宅に招き、ナポレオン軍団を集めて懇親パーティを開催した。我々国連関係者に交流の機会を作ってくれたのだ。

こういうとき、ナポレオン邸の「犬の運動場」という名の多目的ホールは役に立った。あたりから椅子をかき集めると、たちまち三〇人ぐらいの客を収容できる立派なサロンに変身したのである。それに、ナポレオン邸には若者が喜ぶような最新式のカラオケ装置が備えてあり、当時の新曲がほとんど揃っていた。当家の主人は「国定忠治」や「清水の次郎長」しか歌わないのによくこれだけ揃えた、と仲間は感心したものである。タイやラオスの山間僻地から出てきた協力隊の若者は喜んだ。そして久しぶりに接するカラオケ文化に魅了されて、入れ替わり立ち替わりマイクを握っていた。幸い、ここなら夜更けまで騒いでも、近所からの苦情の心配はなかった。

M君は「もしもピアノが弾けたなら」をよく歌っていた。カラオケが不得手な私はもっぱら飲むことと来客の話し相手に徹していた。私にとって、これは日本大使館関係者と意見交換する貴重な機会であった。グラス片手に談笑しながら、プロジェクト支援の知恵やアイディアが拝聴できたと、今でも彼に感謝している。

バンコクの国連日本人グループには野球チームがあった。名前をエンジェルスという。エンジェルスはどこからか弱そうなチームを見つけてきてはソフトボールの試合をしていたが大抵負けていた。我々が勝てそうなのは日本大使館とプレスクラブ位のものだった。そんな訳で、ナポレオンひきいる大使館チームとはよく練習試合をした。お互い人数が揃わないと、合体して一チームを作り、大使館の職権で探してきたどこかのチームと試合をした。それでもあまり勝った記憶はない。

ソフトボールの試合は大抵、週末の午前中、日本人学校のグラウンドで行なわれた。試合をして汗と泥に塗《まみ》れた後は一旦帰宅し、シャワーを浴び、それからシエスタを取った。炎天下で消耗した体力を回復させて夕方に備えるためである。夕方には大抵、ナポレオン邸でビール片手の反省会が行なわれた。M君も私も、夕方の反省会が楽しみでソフトボールに参加していたような気がする。

乾季（十一月末〜二月初）になると、ナポレオンに連れられてよく海釣りに出掛けた。釣り仲間はその都度五、六名、軍団の中から希望者を募った。夜中にバンコクを出発し、二時間程南に走ると目的地バンサレーに到着する。観光地パタヤから更に三〇分ほど南に下ったシャム湾の漁港である。

静かな暗い海を沖へ出る。一五分ほど走ると船頭はいったん船を止めて集魚灯に灯を点けた。エサの烏賊《いか》を捕るためである。烏賊が集まってくると、船頭は長い竿先の小さな網で、烏賊を掬《すく》い上げては船の生簀《いけす》に投げ込んだ。敏捷な烏賊を素早く掬い取る手捌《てさば》きは瞬間を切り取るように巧みで、芸術的ですらある。

生簀が烏賊で満たされると錨を上げて再び走り始める。乾季の海を横切る夜風が心地よく頬を掃く。ナポレオンはオレンジ色の救命胴衣を身に着けたまま、キャビンで寝込んでいる。真新しい救命胴衣のM君がその横でアザラシの形になって眠っている。二人とも釣りの装備が万全で、瀬戸内育ちで未装備になれた私をいつも感心させた。

私は何もかもが珍しく、眠るどころではなかった。潮風を受けながら、遠のいていくパタヤの街の灯を眺めたり、好きな星座を探したりしていた。やがてパタヤの灯が見えなくなると、もう視界を遮る物は何一つなかった。三六〇度、見渡す限り暗い海と満天の星空である。

そのうち、船頭が錨を海に投げ込みながら、漁場に着いたから釣りの準備をしろとタイ語で叫ぶ。いよいよ開戦だ。私は皆を起こしにかかった。M君たちは反射的に飛び起きて、急いで準備を始めたが、ナポレオンは相変わらず寝込んだままである。彼はいつもこうだった。彼は夜、来客をもてなし、一緒に酒を飲んでから大使館に帰って仕事をした。仕事が溜まるとそれから徹夜になることもあった。睡眠の不足した分は、大抵こんな所で補っているのだ。

みんなが何匹か釣り上げた頃、水平線の闇を切り裂くように一線、青みがさし、東の空で夜明けが始まった。西に目をやると、こちらは依然漆黒の夜のままで、オリオン座は遥かな水平線に追いやられ、大いぬ座のシリウスやりゅうこつ座のカノープスが夜明けを逃れるように続いていた。正面の南天はやがて訪れる運命を待つように静謐《せいひつ》である。南十字星が墓標の形で闇に浮き、銀河が霞のように流れている。その東隣にはケンタウルス座のα星とβ星が星祭りの終わりを告げている。

「ケンタウルス、露ふらせ」

誰かの叫ぶ声が暗い波間にこだまして、天空は見渡す限り「銀河鉄道の夜」の世界だ。

その頃になってやっとナポレオンも戦列に加わった。五〇メートル近い海底から釣り上げる魚は、武鯛《ぶだい》やはた、コロ鯛、笛鯛、ろうにん鰺《あじ》、糸引き鰺と種々雑多である。尾鰭の近くに黒っぽいあざのある笛鯛が比較的多く、大きいのは三キロ位あった。

また、時には表層魚を狙うこともあった。生きた烏賊やいとよりを背掛けにして流し、沖鰆《さわら》を狙うのだが、あるとき、これに芭蕉カジキが食いついて大騒動したことがあった。

いつの年だったか正月の三日に釣りに出て、〝高砂〟と〝千年鯛〟を釣り上げたこともあった。正月に高砂と千年鯛とは何と縁起のいいことか、と釣り仲間と喜んだものである。

ところで、魚の名前をよく知っているのは、東海大学海洋学部編纂の『世界魚類図鑑』を常に携行していたからである。珍しい魚を釣り上げるとその都度、カラー写真付きの図鑑を開き、魚の名

バンサレー沖での海釣り

前や氏素性、食用になるかどうかを確認したものである。

さて、釣りは大抵午後三時までに切り上げて港に戻った。それからナポレオン特注のクーラーに豊饒と多種多彩を詰め、クラッシュした氷でシールドして帰路についた。豊漁の旗を心になびかせながら。

トランクが重くなった分、皆の心が軽ろやかになってバランスしているね、とM君が嬉しそうに言う。トランクが軽い分、心が重くなってバランスしているときもあるけどね、と私が揶揄する。

バンコクに帰ると、釣果はクーラーごとナポレオン宅に運び込まれ、形の良い魚が数尾、ナポレオンの目で選別された。これらはパーティの食卓を飾る釣り人自慢の釣果なのだ。あとの魚は釣り人に平等に分配された。

食卓を飾る魚はナポレオンが自ら料理した。彼は自分専用の包丁セットを持つほどの玄人跣《はだし》の腕前だった。そして釣果は三枚に下ろされ見事な生け作りになって食卓に飾られた。

そのうち、電話で連絡しておいた仲間が三々五々集まって来る。釣りの後は大抵こんな風にナポレオン軍団と刺身と潮汁《うしお》で、賑やかな舌鼓のパーティが始まった。釣りキチの自慢話に花が咲いて、ナポレオン宅は夜更けまで笑いが絶えなかった。

私は今でも、当時のことを懐かしく思い出す。あの頃、国連に勤務していた日本人職員はナポレオンを中心にしてよく纏まって、生き生きしていたものだ。

バンコクには国連ＥＳＣＡＰの他に国連開発計画（ＵＮＤＰ）、ユネスコ（ＵＮＥＳＣＯ）、ユニセフ（Ｕ

ＮＩＣＥＦ）、食糧農業機関（ＦＡＯ）、国際労働機関（ＩＬＯ）、国連環境計画（ＵＮＥＰ）、国連難民高等弁務官事務所（ＵＮＨＣＲ）、メコン委員会等、沢山の国連や国連関係機関の事務所が集まっていて、日本人職員の数は約六〇名に達していたのである。

その日本人国連職員は一様に同じ毛色、同じバックグラウンドかというと、実はそうではなかった。バラも桜もイチゴも木瓜《ぼけ》もみんなバラ科の植物であるように国連関係の日本人職員にも色んな亜科や属の人が存在していたのである。従って、彼らの抱えている課題や悩みも多種多様であった。

一般的に国連職員といえば、大学または大学院を卒業して直接、あるいは何処かの組織を経由して中途で国連を受験し、職員になった人たちが想像される。実際このケースが一番多い。変な表現だが以下と比べると彼らは「一〇〇パーセント国連職員」のケースといってもいい。

二番目のケースは、農林省や建設省など官公庁の職員が国連に応募し（または、させられ）、合格した後、赴任した人々である。彼らはいわゆる〝派遣法〟（国際機関等に派遣される一般職の国家公務員の処遇等に関する法律）や関連人事院規則に基づいた身分と条件で派遣されている。即ち、彼らは公務員の身分を保有したまま派遣されており、国内では、俸給や諸手当が一〇〇分の一〇〇以内という条件で支給される。つまり身分上、二足の草鞋を履いている。その勤務期間は五年が一つの目安である。

三番目のケースは、政府関連機関から応募し（または、させられ）、派遣される職員で、二番目の例によく似ている。また政府関連機関にはそれぞれ、派遣法に似た別の規則があり、国連赴任中はこの適用を受ける。三公社出身であった私の場合はこのケースに該当した。ただし、親元の国鉄は当時沈没寸前であったため、国内給支給の項は空しく水に滲んでしまっていたが。

四番目のケースは、プロジェクト担当としてXBで採用された職員である。彼らは正規国連職員のP（部長クラスはD）と区別してL（Level）と呼ばれ、一般に雇用期間はプロジェクト終了とともに終結した。

最後は派遣専門家（NRL）で、日本の場合はM君などJICA専門家がこれに当たる。彼らの派遣経費は全て派遣国が負担しており、勤務期間は国連の指導により五年が限度である。

このように、国連または国連機関に勤務する日本人といっても千差万別であり、各人がそれぞれ、異なった個別の問題を抱えていたといっていい。

一つの例として、二、三番目のグループに属する人を挙げると、彼らの重要課題の一つは国連での勤務期間であった。当時の日本の規則によれば派遣期間は五年が目安であり、人事担当者からもそうコメントされて赴任しているはずだ。ところが五年目というと、異質な組織に慣れて仕事に油が乗ってきた頃である。邪悪な雑音を苦にせず、プロジェクトを創出し軌道に乗せることができるようになった充実期でもある。そんなときに帰国することは果して正義に背かないか。国連を退職し原隊復帰か、原隊復帰を諦め国連に残留か。これが五年を前にした大きな課題であった。実際、五年で帰国を決意した人も、原隊復帰を断念し国連に残った人も、私は知っている。

さて、共通の課題についてである。ホモジーニアスな社会に慣れた日本人にとって、民族、宗教、風俗習慣の異なる人々との人間関係は精神的に疲れるものである。また、熱帯のしかも衛生状態の良くない発展途上国での生活は健康上の問題を引き起こした。

実際、精神的に参って入院した仲間もいれば、熱帯特有の病に倒れ闘病生活を余儀なくされた人も存在した。また、途上国での子供の教育も頭痛の種で子供のために外国生活を諦めて帰国した家族も存在した。

ナポレオンは他の仲間と協力して、こうした日本人職員の良き相談相手になっていたのである。彼等は親身になって我々の愚痴や悩みに耳を傾けた。そして解決のヒントを与えたり、慰め励ましたりして、悩む人から国連で仕事を続ける意欲を引き出してくれていたのだった。

ナポレオンは常にそのリーダーだった。彼のお陰で、挫折から立ち直ったり、救われたり、勤務を継続する勇気を得た日本人職員は少なくなかった。

前にも触れたように、当時の日本政府は、国連予算の約二〇パーセントを負担する国に相応しい日本人国連職員数を確保しようと必死であった。ところが、政府が笛を吹いても目立った成果は得られなかった。

この数をどうやって増やすか。ナポレオンの活動を見ていると、彼の活動の中にそのヒントがあるのでは、と思われた。国連勤務を始めた日本人をどうやってより長く根付かせるかのヒントである。プランターにバラ科の植物を植えたらバラであれイチゴであれ、花をつけ実を結ぶように水や肥料を与える。そういう世話役が必要なのだ。国連でもまた然りである。当時はたまたま、ナポレオンが個人的にその役を務めていたと思われた。

一九八七年一月三十日、ナポレオンはバンコクを去った。中東の日本大使館へ栄転したのである。ドンムアン空港さくらルームに現れたナポレオンは満面の笑みをたたえて仲間の祝福に応えていた。一方、ナポレオン軍団は複雑な心境で壮行の杯をあげた。この日をもって軍団はボスを失った。ボスを失った軍団はその後、繁栄を誇った帝国が地図から消えていくように静かにゆっくりと消滅した。

幸い、我々運輸系統は恵まれていた。国連次席常駐代表の一人が運輸省出身のアタッシェであったうえに、彼がリーダーを務める運輸系統政府関係者の会があの軍団の役割を務めてくれたからだ。ナポレオンの転出と同時に支えを失った人はどうなったか。国連関係機関の日本人職員がバンコクから減少し始めたのはその頃からだが、原因はプラザ合意後の「急激な円高ドル安」だけではなかった気がしてならない。ナポレオン時代を懐かしく思い出すにつけ、私はそう考えるのだ。

ところで、ナポレオンはキャリア組ではなかった。いわゆるノンキャリ組である。彼がこれだけ日本人職員に信頼され、キメ細かく活動できたのは、逆にノンキャリだったからかも知れない。いずれにしても外務省の人材の豊かさに感心したものである。

# 第7章

# ESCAPの国際会議

## 1 合従連衡の薦め

大晦日が近づくと明け方、寒さで目を覚ますことがある。熱帯のバンコクでもタオルケット一枚では心細く、毛布かしっかりした夏用掛け布団が必要だった。

蒸し暑くうっとうしかった雨季がやっと終わり、バンコクに爽やかな乾季が始まっていた。抜けるような紺碧の空、梢をわたるそよ風、すべてが清々しく、毎日が日本の「体育の日」のように思われた。

大晦日が近づいているというのに、バンコクの街には年の瀬の慌ただしさがなかった。すべてがいつものように、ゆったりした南国のテンポで流れている。

我々国連職員にとっても年末年始に特別の意味などなかった。年の瀬はクリスマスが祝日であること以外平常と同じで、大晦日の十二月三十一日までしっかりと仕事をした。新年は元旦が祝日で二日から通常の勤務である。

日本の「行く年来る年」には除夜の鐘が付き物だが、バンコクにはそれもなかった。その代わり、新春を祝う爆竹が新しい年の始まりとともに炸裂して、街の至るところで轟いていた。また、住宅街のあちこちから花火が打ち上げられた。私は九階のベランダから身を乗り出して、初めて経験するバンコクの新年を楽しんだ。テレビはどのチャンネルにも黄衣を纏った高僧が映し出されて、元旦の説教が始まっていた。

一九八五年一月は国際会議の多い月であった。まず、鉄道技術研究所長会議が一月十四日から二日間の日程で始まった。加盟国同士が情報交換を行なって、効率よく研究活動を進めようというのが主たる目的である。その上、総合研究所を持たない最貧国鉄道を手助けしようという国連的支援活動も含まれていた。会議は二年に一度の開催である。メンバーは日本、中国、インド、ソビエトの四ヶ国と少数精鋭だが、今回はインドネシアとタイがオブザーバーとして参加した。

日本からは国鉄、鉄道技術研究所長（当時）の渡辺偕年《かいねん》氏が威風堂々とおいでになった。彼は軌道工学の第一人者で、その道では国際的に名の知れた技術者であったが、彼の人格からは権威の冷たさよりむしろ人情の温かさが感じ取れた。彼の部下は研究所で聞く氏の難解な軌道理論よりも、居酒屋で聞く軌道を外した談論をより好んだという。

偕年氏のそんな印象がバーン博士と似ているなと思っていたら、二人はいつの間にか意気投合していた。両氏は偶然同い年だそうで、二人の話題は鉄道の先端技術から少年時代に経験した第二次世界大戦やベルリン空襲まで及んだという。

二日間の研究所長会議が終わると翌十六日から一週間、これも二年に一度の鉄道政府間会合が始まった。参加国はＥＳＣＡＰ加盟国のほか、イギリス、フランス、ソビエト等の域外加盟国と西ドイツやオーストリア等のオブザーバーが加わって約三〇ヶ国。それにＵＩＣ（世界鉄道連合）やアジア開発銀行などの国際機関も参加して盛況である。会議の目的は、発展途上国のために次の二年間、国連ＥＳＣＡＰは何をなすべきか、特に鉄道分野について話し合うことだった。

国連職員になって初めて経験する正式な国連の会合である。末席とはいえ国連のエンブレム（紋章）を背にして演壇に座る緊張感は、未知への不安と期待に彩られて、何とも心地好いものであった。参加者は各国の国鉄総裁や局長、運輸省高官や各国大使館関係者が約七十名。会議は議長、副議長、議事録担当《ラポルトゥール》の選出で開始された。

各国の所信表明演説が始まると、演壇の事務局は忙しくなった。演説を議題《アジェンダ・アイテム》ごとに要約し、一つの国が演説を終えるたびにその要旨を議場に報告しなければならない。更に、会議が終了すると部屋に戻って、その日一日の議事録を作成しなければならなかった。

各国の演説は先進国と途上国とで明確に分かれていた。先進国はどこも、東のソビエトも西側諸国も一様に、自国がいかにESCAPの活動を支援し、発展途上国を助けてきたか、これからどれだけ援助しようとしているかを、熱意を込めて演説した。まるで、西と東の宣伝合戦である。一方途上国は、窮状を訴え、鉄道近代化計画の必要性を説き、技術支援や資金援助をESCAPや先進国に求めた。こちらはおしなべてラブコールである。

夕方五時半頃に会議が終了すると、直ちにその日の議事録作成に取りかかった。私、中佐それにオーストリア出身の女性エコノミストの三人が概ね三分の一ずつ担当することになった。シュマン博士とM君は二週間後に開催されるアジア鉄道協力グループ会合の準備を行ないながら、我々に付き合っている。バーン博士は中国セミナーのレポートを取りまとめている。加えて、他ESCAP加盟国からもコンテナ・セミナーの開催要請があって忙しくなっていた。博士が打つ旧式タイプライターの音がその分だけけたたましくなった。大袈裟な音が絶え間なく隣から壁越しに聞こえている。

私はというと、集められた発言原稿と自分のメモを机に並べ、さてさて、これらの材料をどう料理したら良いのやらと、初体験の作業に悪戦苦闘していた。その手掛かりを摑むため、この種の報告書は何の目的で誰のために作成するのか、という原点に立ち返ることにした。つまり過去の報告書を数年分読み返すことから始めたのである。

午後九時半を過ぎた頃、エコノミストが仕上げた草稿をタイピストに手渡して、ドアから笑顔を覗かせ、「お先に」と言う。続いて中佐が、「また明日」と挨拶して帰って行く。タイピストたちがにわかに忙しく音をたて始めた。その頃、私はまだノルマの半分も終了していなかった。十時半過ぎになってM君が、少し手伝いましょうかと声をかけてくれた。タイピストが二人、私の草稿を待って、欠伸《あくび》をしている。バーン博士もシュマン博士もいつの間にか帰宅したようだった。部屋の明かりが何となく薄暗い。私は秘書のことを考えて残りの作業を自宅に持ち帰ることにした。「艱難汝を玉にす」と念仏のように唱えた。己の不出来に腹を立てている自分を慰めているのだ。

アパートに帰ったからといって速やかに仕事が進むわけではなかった。昔のレポートを再び読み返したり、英文の、例えば、前置詞がinかonか、はたまたatだったかと辞典をひっくり返したり、結局完成は朝になった。

後で知ったことだが、これは全く無駄な行為であった。ＥＳＣＡＰには編集課《エディトリアル・セクション》があって、正式文書の原稿は必ずこの課に持ち込まれ国連英語としての審査、添削を受けることになっていたのだ。オックスフォードだかケンブリッジだかの大学を卒業した英国人のプロが目を通すと知ってから、どれほど楽になったことか。

十九日は土曜日で会議は休みだった。各国からの出席者はそれぞれ観光など自由な時間を楽しんでいたが、我々事務局はそれどころではなかった。それまで三日間の会議議事録は毎日、国ごとに議事録にして残していたが、今度は議題《アジェンダ・アイテム》ごとに横断的に議事録草稿《ドラフト・レポート》として再編集せねばならなかった。気が重くなっていると、幸いというか中佐がその役を買って出てくれた。国連憲章に則った素晴らしい協調精神にみえて、中佐に感謝した。ところが、中佐の仕上げた議事録草稿に目を通したとき、私は暗澹たる気持ちになった。

議事録草稿にはどの議題にも各国の発言を要約して記載するが、ここにどう記述されるかは各国の最大関心事である。ところが中佐の作成した草稿を見ると、どの議題も西側諸国の発言は簡潔かつ淡泊に記述されている一方、ソビエトなど東側の発言は詳細に、時には発言をそっくりそのまま複写したのではないかと思われるほど丁寧に記載されているのだった。つまり、発言国の数や発言時間に関係なく、議事録のかなりの部分を東側が占めている。これではまるで「プラウダ」か「イズベスチャ」ではないか。

私は早速中佐を呼んで、努めて丁寧に苦言を呈した。

「貴方が議事録を取り纏めてくれたことに大変感謝している。しかし、貴方の好意に水を差すようで恐縮だが、私はこの議事録に意見がある。アンバランスが随所に見受けられるからだ。他国に比べてソビエトなどに割り当てたスペースがどう見ても多すぎる。これでは議事録の採択時、間違いなく混乱すると思う」

するとこ中佐は少しも慌てず、私の苦言を予期していたように落ち着いて反論した。手にはロシア語の演説原稿を持っていた。

「私はそうは思わない。例えばこれはソビエト代表の演説原稿だ。私がソビエト代表団から直接貰ってきたものだ。この原稿に従って議事録を作成したら、たまたまそうなったということだ。疑うのならこれを読んでみるといい。もっとも、ロシア語だけどね。ソビエトの議事録と比べて他の国が簡素だと言うが、それは他の国を担当した貴方とエコノミストの責任ではないか。それとも、貴方は日本の発言が沢山記述してあればフェアだとでも言いたいのか」

最後は口に含んだ毒針を私に吹き掛けて出て行った。こんなとき、中佐の奥まった淡青色の目は冷たい金属的な光を放っていた。一瞬、彼の所属しているもう一つの組織（GRU）が頭をかすめ、私は臆した。

中佐が部屋から出て行くと、私は机の引き出しから正露丸を取り出して、数粒口に含んだ。それから一気に飲み込んだ。正露丸は元々「征露丸」と称したそうである。日露戦争のとき、ロシアをやっつけるように、この名前をつけて兵士に持たせたのだ、と何かで読んだことがある。中佐との諍いの後は、いつもこうやって溜飲を下げたものだ。クレオソートの香りが口一杯に広がって本当にせいせいする。もっとも熱帯地方に滞在していると、しょっちゅう腹痛を起こすから、正露丸は必需品だったけれど。

――中佐は国連生活が長いから、国連の実務に明るくて当然だ。彼はいわゆるジェネラリストで、鉄道をほとんど知らない。そのため鉄道技術となると私に処理を頼んだ。そして私はその期待に応えているではないか。中国のコンテナ・セミナーだってそうだ。やりかけて放ってあるから、私が拾って完結までこぎつけてやった。今度は国連の会議だ。中佐、国連の実務は貴方の出番だ。それなのにこんな不公平をやるとは卑劣ではないか。

私は、自分の椅子に凭《もた》れてぼんやりと考えていた。しかし、このまま中佐の纏めた議事録草稿を容認するわけにはいかなかった。そこで一計を案じた。まず、休日出勤していたM君及びバーン、シュマンの両博士に中佐の纏めたドラフトを配った。三人の不快感に期待したのである。午後から議事録草稿検討会議を開催したいと伝えると、案の定三人は賛成した。東側一人に対し西側は四人、数で突破する作戦をとったのである。日本でも国連でも数は力、力は正義だ。

会議が始まると、年長の貫禄でバーン博士が議長を務めたいと言う。国際会議づいている影響で、こんな小さな会議でも議長を決めることになった。中佐にとってバーン博士が最も手強い相手と思われたので連合軍は直ちに賛成した。

バーン博士は早速、一ページからパラグラフごとに草稿を読んで皆の意見を求めた。初めのうちは穏やかに、低いトーンで語り、パラグラフの検討は我々の意見を聞くことに力点を置いて進められていた。しかし、ソビエトの発言議事録に入ると、彼の声は熱を帯び始め、次第に大きくなった。そして時には、人の意見を聞くより先に自分の意見から主張し始めるのだった。自分が議長であることを忘れているのだ。ベルリンっ子の顔に次第に赤みが射してくる。ドイツ人の激しさと頑固さが小さな部屋にこだまし始めた。

例えば、あるパラグラフにはこんな文章がドラフトされていた。

《ソビエト政府は一九八四年にＥＳＣＡＰ加盟国を本国に招待し、鉄道電化セミナーを開催したが、一九八六年にも同様の手法で都市交通セミナーを開催することを提案した》

これを読んだバーン博士が直ちに意見を述べた。

「この文章の〝一九八四年の鉄道電化セミナー〟に関する表現は不要だ。過去の貢献を何度も宣伝しようという魂胆が見え透いている。一九八六年に都市交通セミナー開催を提案した、これだけで十分ではないか」

「これは演説原稿どおり記載したものだ。演説した通り記録に残して何故いけないのです？　ほら、ここに演説原稿があるから確認するといい」

中佐がロシア語で書いた演説原稿を片手に持ちながら反論した。彼はよく訓練された情報将校らしく、こんなときでも感情に流されなかった。バーン氏の声が熱を帯びていくのと対照的に、中佐はむしろ静かにゆっくりと、冷えた鉄のようになって発言するのだった。

「演説したことを何もかもレポートに入れていたら途方もないことになりますよ。フランス代表の演説だって草稿には要点だけしか入っていませんよ」

シュマン博士が諭すように、フランス語訛りの英語でバーン博士を支援した。

「日本の発言だってそうです。発言の肝心なことしか記載されていませんね」

と今度はＭ君が存在感をアピールした。白熊一頭に四匹の犬が襲い掛かっている構図になってきた。議論は熱く、長く続いた。しかし、最後は議長のバーン博士が判決を下した。

「この箇所削除」と言って、赤ペンで実力行使することもあれば、「この箇所書き直し」と宣言し、呻吟しつつ博士自ら代替案を提示することもあった。

時間がたつにつれて東側の発言は小さくなり、議事録草稿にひと通り目を通し終えた頃には東西は概ね均衡していた。作戦は見事成功して会議は終了した。

「この次からあなたたちがドラフト・レポートを纏めてくれ。今度は、私が赤ペンでずたずたに書き直してやる」

最後に一言、中佐は捨て台詞を吐いた。それからゆっくりと部屋を出て行った。あの冷静な中佐もさすがに悔しかったと見える。

残った四人は互いに顔を見合わせ、無言で勝利を確認しあった。しかし、中佐が広い背中を見せて部屋を出ていったとき、私はその背中に哀愁を感じていた。人間の孤独がヒリヒリと感じられて寂しい気持ちになった。ベンダさんが、不愉快なやり取りの後、部屋を出て行ったときもそうだった。あのときも彼の背中をやるせない気持で見送ったものだ。一方が野望を遂げんとし、もう一方がそれを阻止せんとする。そして互いにぶつかり、心が血を流す。結果はいつも虚しいものだ。

原稿は直ちにタイプに回され、完成したものから順次編集課に送り込まれた。議事録草稿の英文添削が完了すると、これらはその他の国連公用語（ＥＳＣＡＰの場合はフランス語、ロシア語、中国語）担当に回され、それぞれの言葉に翻訳された。

国連ビルの地下室には小規模ながら立派な印刷工場があった。地下室に降りていくと輪転機が音をたてていて、いつも何かの国連関係資料が印刷されていた。

完成した数ヶ国語の翻訳原稿はここに持ち込まれ、週末に印刷された。印刷物は月曜朝の議事録作成会議《ドラフト・コミティ》に間に合うよう、日曜日の夜のうちに出席者のホテルに配送された。関係者が事前に目を通せるよう配慮されていたのである。

国連ESCAPの会議日程はこのように、週末が有効活用できるよう計画されていた。事務局だけで行なえる議事録草稿の作成、英文添削、他国連公用語への翻訳といった作業を週末に配置し、その間出席者が〝週末のバンコク〟を満喫できるよう工夫されていたのである。そして、この種の国際会議のフィナーレとなる議事録採択《アダプション・オブ・レポート》は月曜日か火曜日に行なわれた。

バーン、シュマンの両博士は東側の魂胆を打ち破りながら仕事を進める上で、大変心強い見方であった。しかし、常にそうとは限らないのが国際社会である。時として、二人は同盟を組み、ヨーロッパの理論と常識をアジアに押しつけた。後ろに欧州の国益がちらついて我々を困惑させたこともあった。

例えば、都市交通の場合はこうである。あるとき、途上国の大都市交通に鉄道システムの導入を促進するため、「都市鉄道の運営は運賃収入でまかなえるように配慮すべきだ。実際それは十分可能である」と私が主張したことがあった。

ところが両博士はこの意見に反対である。都市交通の自立は理想だが現実には無理だ。その運営には補助金が不可欠だと言うのだ。

——日本の大都市では、東京でも大阪でも、私鉄が通勤通学輸送に重要な役割を果たしている。しかも、建設費はさておきその運営は補助金を受け取るどころか、法人税を支払い、株主に配当まで実施しながら行なっている。

都市鉄道の目的の一つは道路交通の渋滞緩和にあるから、大量輸送は宿命である。そのため、運賃はできるだけ安くし、たくさんの通勤通学客が利用しやすいシステムを作らなければならない。

ラッシュアワーのバンコク・スクムビット通り

例えば、運賃を半分にし、三倍の乗客を輸送するのだ。大量輸送を実現するために、輸送サービスの質の低下が生じたとしても、当面、それはやむをえない。

欧州のように、乗客は座るか、立っていても他人と接触しない程度の混雑が前提なら、当然収入が少なく、運営に補助金は不可欠だろう。しかし、そんな小規模の輸送力では悪名高いアジアの大都市の交通渋滞は緩和できない。加えて、途上国は貧しい。政府は膨大な補助金の負担に耐えられないだろう。

以上が私の意見であった。

「例えば、例えばですよ」

私は声を大きくし、熱を込めて説明した。

「運賃を大幅に下げて乗客を大幅に増やす。そのために内空断面の広い車両を導入し、しかも連結車両数を増やす。ドアを増やし、ロングシート方式の座席を導入して立席容量を極限に持っていくことを考えてはいかがでしょう。日本の大都市ではこうやって、ＬＲＴ（Light Rail Transit）の何十倍という通勤通学客を運んでいますよ」

実際、日本の通勤電車は十両編成で一五〇〇くらいの定員を持っている。ラッシュ時にはこの乗車率が二〇〇パーセント以上になるから、一編成で三〇〇〇人以上、三分ヘッドの運行ならラッシュ時、片道一時間に六万人以上の乗客を輸送していることになる。これでは品のいい欧州の常識とは嚙み合わない（その後、山手線は十一両編成で定員一六二八人になったそうである）。

貧しい途上国の大都市に通勤通学鉄道を導入しようと考えるなら、こうやって補助金なしでも運営可能な方法を分かりやすく提示すべきだ。私はこう主張した。

ところが欧米では、私鉄を含めた日本のような都市鉄道網は見当たらない。公共性の強い都市交通が民間組織で運営できるわけがないと欧米の人は考える。欧米では都市交通は公営で、運営費のかなりの部分は補助金で賄われている。

バーン、シュマンの両博士の頭にはLRTがあることを知っていた。LRTはコンピューター化され、機動力のある近代的路面電車として、当時欧州の都市交通の花形になりつつあったからだ。私もLRTの魅力を否定しているわけではない。ただ、バンコクの絶望的交通渋滞を目の当たりにすると、LRTの輸送力では子羊のように非力に思えたのである。これでは焼け石に水だ。LRT、この上品な輸送機関では、マニラやバンコク、ジャカルタなど、アジア大都市の窮状は救えない。

こうした議論は鉄道課の中でよく行なわれた。二人の博士は非常に優秀で、利害が一致したときの結束は難攻不落、論破するのはほとんど不可能に思われた。

ところが、堅固に見える二人の結束にもアキレス腱は存在した。アキレス腱を一寸突くと、意外に脆く、その団結は崩れた。親元の西ドイツとフランスの鉄道は、当時、表面上はさておき、実際は激しい主導権争いを演じていたからである。

フランスは日本の新幹線に一七年も後れを取ったとはいえ、一九八一年に欧州最初の高速鉄道（TGV）を営業開始していた。ところが、西ドイツの高速鉄道（ICE）は一九九一年の開業だから、その頃、まだ開発途上にあった。その上、フランスはＵＩＣ（世界鉄道連合）を通じて欧州鉄道を牛耳っており、ドイツにとって穏やかならぬ競争相手だったのである。

一九八六年に西ドイツでＥＳＣＡＰセミナーが開催されたとき、ケルン駅を訪問したことがあった。そのとき、ＴＧＶがケルン駅構内に留置されているのを発見して参加者一同は驚いた。

――ＴＧＶが試験的にドイツに乗り入れている。

バーン、シュマンの両博士が欧州連合を組み、Ｍ君と私の日本チームと技術論争をしているとき、この話を持ち出すと、二人の結束は春の淡雪のごとく溶け始めるのだった。

「いよいよ、パリ・ケルン間にＴＧＶを走らせるようですね。西ドイツ鉄道網にＴＧＶが乗り入れて運行されると便利になりますね。ＴＧＶは素晴らしい車両ですから」

例えばこの一言で十分なのだ。シュマン博士は相槌を打ちながら笑みを湛えている。一方、勝気なバーン博士は徐々に無口になり、やがて不機嫌になって、「ミスター・タナカはフランス給費留学生だったからな……」などとぶつぶつ言いながら席を外すのだった。バーン、シュマン両博士の欧州連合はこの程度の結束だった。

さて、席を蹴って出て行った中佐とわが連合軍との関係はその後どうなったか。特に、「草稿をズタズタにした」張本人バーン博士と中佐の仲が心配された。二人の仲は口もきかないほど決定的になってしまっただろう。Ｍ君と二人でこう心配したものである。ところがヨーロッパ人の心の内は、日本人の尺度ではおし計れないものだ。

政府間会合が無事閉会した後、私とエコノミストはオーストリア代表ヘックウォーター氏と打ち合わせを行なった。彼女の努力が実を結び、祖国オーストリア政府の資金協力を得てESCAP鉄道セミナーのウィーン開催が具体化しつつあった。順調に運べば本年八月に実現する。

打ち合わせの成功に喜色満面の二人が会場を出ると、カフェラウンジの一角から明るい笑い声が聞こえてくる。もう辺りは人影がまばらで、ラウンジでお茶を飲んでいるのはこのグループだけであった。よく見るとバーン博士がいて、仲間に入れと私に手を上げて誘っている。なんと、中佐も笑顔をこちらに向けているではないか。彼らはコーヒーを飲みながら順番に一口小話を披露しあっていたのだ。議事録草稿を前に殴りかからんばかりに罵声を張り上げていたのが嘘のような睦まじさである。心のうちはいざ知らず、少なくとも外見は和気藹々《あいあい》だ。心配は杞憂であった。

——合従《がっしょう》連衡。

私は呟いた。国連で外国人とうまく仕事をしようと思うなら、心の内と外を別々に操り、こっちと組んだりあっちと組んだり、平然と合従連衡をやるのみである。

ESCAP鉄道政府間会合終了後、「バンコク・シンガポール間鉄道の旅」という特別企画があった。タイ国鉄(SRT)、マレーシア国鉄(KTR)、シンガポール政府の協力を得てESCAPが企画した、会議出席者とその家族のための片道三泊四日(帰路を加えると六泊七日)の鉄道の旅である。ホテル宿泊を除く経費、即ち寝台車を含む鉄道運賃や飲食などはすべてスポンサー持ちという魅力的な企画なので五〇人近い参加者が集まった。

残念ながら、私はこの企画に参加できなかった。鉄道政府間会合に引き続き三日間、「運輸通信の十年」を発足させる担当大臣会議が開催されたからである。

幸い、この種の鉄道の旅はＥＳＣＡＰ鉄道政府間会合が開催される度に企画されているそうである。そこで今回は我慢し、次回（一九八六年十一月）に期待することにした。

# 第8章

# 部長の墓碑銘

## 1 仕掛け花火

爽やかな乾季が終わりを告げると、バンコクは炎暑の季節に入る。熱の放射と光の散乱が街並みを漂白し、舗道の人々を焼いている。この、一年で最も苛酷な季節は雨季が訪れる六月初旬まで続いた。

一九八五年三月十九日、炎暑の中で国連ＥＳＣＡＰ第四十一回年次総会が始まった。これは私が国連職員として体験する最初の年次総会であったが、同時に運輸部Ｅ部長にとっての最後の年次総会でもあった。彼はこの総会を最後に、国連を退職する。

前にも触れたように、この南アジア出身のＥ部長はとかく噂されがちな人物であった。種々のビッグプロジェクトを実現し行動派部長だと評価される一方、策士だとか、私利私欲に敏感でsly（ずる賢い）だ、などと部下から陰口をたたかれていた。彼はまさにＥＳＣＡＰの〝ミスター毀誉褒貶〟だった。その彼がこの年次総会を最後に、国連を去っていく。

十返舎一九はこの世を去るとき、自身に仕込んだ花火を破裂させて、火葬場の参列者を仰天させたという。いかにも一九らしい最後ではないかと、後の世の人々は語り継いだ。さて、策士といわれたミスター毀誉褒貶の最後はどうだろう。一体どんな花火を仕掛けて国連を去っていくのだろう。部下はサプライズを期待して、この総会に関心を持った。

当日の朝、Ｍ君と連れ立って早々と会場に出かけた。初体験の好奇心を満たすために事務局席のいいところに陣取って、会場の様子を隈なく観察しようという魂胆である。

議長席は会場正面の演壇上に設けられている。議長卓の前面はカトレアやデンファレなど色とりどりの蘭の花で飾られて、見事に熱帯地方の豊饒と爛漫を演出していた。議長席の背景には、紺地に白抜きの国連紋章《エンブレム》と「アジア太平洋経済社会委員会第四十一回総会」の文字がバランスよく装飾されていて、会議の格調の高さを謳いあげていた。

会場の至るところに立ち話の群れができていた。参加者は開会前の僅かな時間を利用して国際交流に余念がなかった。

間もなく、キブリア事務局長に導かれてプレム・タイ国首相（当時）が入場し、総会初日が始まった。二人は会場をぐるりと一巡りし、各国代表の一人ひとりに表敬を行なった後、壇上の席に着いた。首相は襟の高いタイの礼服を召しており、金色の絹《こんじき》の光沢が小麦色の顔に威厳と気品を添えていた。首相と議長が中央の席に着くと、キブリアESCAP事務局長やタイ国外務大臣等が二人をガードするように演壇の両端に着席した。

各国代表団の席は、議長席を囲むように、コの字型に配列されている。席順は、議長席に向かって左側から反時計回りのアルファベット順で、アフガニスタン、オーストラリア、バングラデシュという風に並んでいる。終端、つまり右列端の席にはソビエト（USSR）、英国（UK）、米国（USA）の順に、影響力絶大なESCAP域外加盟国が陣取っていた。米国つまりUSAがしんがりでアフガニスタンと対峙する位置にある。日本代表団の席は演壇に向かって左側手前にあった。左隣には髭面とノーネクタイがトレードマークのイラン代表団が、また右隣にはスカーフを着けた女性の混じるマレーシア代表団が陣取っている。

日本代表団のリーダーは森山真弓外務政務次官（当時）である。彼女は駐タイ日本大使と並んで最前列に着席していた。その後ろには、大使館員と各省庁代表で構成された十数名の代表団が陣取り、リーダーを擁護するように座っていた。森山代表はチョコレートブラウンのブラウスの上にカ

1985 年 3 月、第 41 回 ESCAP 年次総会。プレム・タイ国首相（左から二人目）と森山真弓外務政務次官

ナリーイエローのテーラードスーツを召していた。彼女の知的な美貌と調和したなかなか見事な着こなしである。事実、その存在はダークスーツの群れの中で際立ってハイセンスであり、そこにだけ、ほんのりと陽が射していると人々は錯覚した。また、彼女が日本代表として行なった演説はそのスマートなスピーチと内容の濃さ、豊富なＥＳＣＡＰ支援表明で会場に強い印象を残した。

私たち国連職員が森山代表と接触する機会は何度かあった。開会期間中、ほとんど毎夕ビュッフェパーティが開催されていたからである。ＥＳＣＡＰを始め主要各国が出席者を招待してホテルや国連ビルのフォイヤー（玄関ホール）で交歓パーティを開催していたのだ。

日本が開催したパーティでは、森山代表がホステス（主催者）である。ホステスは入口に立って招待客をお迎えする。しかし時間がたち来客がピークを越して途切れ始めると入口のホステスは手持ち無沙汰なものである。そんなとき、Ｍ君と私はグラス片手に代表の傍に行き、彼女の退屈しのぎの話し相手を務めたものだ。

「ご主人と、ザイールにいらしたそうですね」

私は幾つかの話題の後、こう問いかけた。

「あれはとても感動的な旅でした」

彼女はこう述べると遠くを見るような目つきになった。

当時、日本はアフリカのザイール川（現コンゴ川）を跨ぐ鉄道・道路併用橋の建設を行なっていた。国鉄技術者が何人か派遣されているＪＩＣＡプロジェクトである。彼女はその当時運輸大臣の要職にあった夫君に随行してその現場を訪れたのだ。

ザイール技術協力は苦労と忍耐のプロジェクトだといわれていた。従ってご夫妻の現場訪問自体が困難な旅だと想像された。にも拘らず彼女はその訪問を「感動的」という一語で表現した。私はこの表現が嬉しかった。この言葉に、技術協力に対する彼女の理解と認識の深さが読み取れたからである。私は彼女に親近感を持った。

さて、話を話題の人、E部長に戻そう。彼は議長席に向かって右側、ソビエトや英国、米国代表団席の直ぐ後ろに設けられたESCAP事務局、幹部席に静かに座っていた。挨拶に来た各国代表団に応対していたとき、彼は努めて笑顔を見せていたが、独りになると乾いた表情が現れて暗くなった。いつもの精悍なチョコレート色の皮膚は青みを帯びている。

会議はタイ国首相の歓迎演説、キブリア事務局長の開会演説から始まり、各国のステートメントへと移っていった。

ステートメントの内容は、いつものことだが、先進国と途上国で大きく分かれていた。先進国は途上国に対して行なおうとする技術支援や資金援助について、また途上国は当面の課題と支援要請について、時間を割いて触れることが多かった。但し今総会では、これにもう一項目、E部長への賛辞と惜別の言葉が加わった。実際、ほとんどの国が演説の中で一言、E部長に触れたのだった。

何番目かにインドネシア代表が立ち上がると、後ろにいたブリンナー氏が私の背中をつついて、彼がE部長の後任らしいよと囁いた。

改めて眺めると、小柄でいかにも誠実そうな中年の紳士である。七三に分けた毛髪には緩やかなウェーブが認められる。童顔に威厳を持たせるためか、鼻の下に髭を蓄えている。参加者名簿にはFとあった。

冒頭に演説の決まり文句を述べた後、彼もE部長の退任に触れた。

「紳士淑女の皆様、第四十一回総会を最後に、国連ESCAPを退職される運輸通信観光部長E氏について、一言申し上げることをお許し願いたい」と前置きし、予め用意された惜別の言葉をゆっくりと読み始めた。

E部長は、母国の外務省から国連に転じたこと、ESCAPの運輸通信観光部長に着任してからは特に運輸通信部門の発展に尽力したこと、なかでも一九八三年、長年の懸案であった「アジア鉄道協力グループ」を設立したことは彼の類まれなる行動力の賜であること、これにより鉄道統計の編纂や鉄道技術の標準化など鉄道近代化のための域内国間の相互協力が可能になったこと、などを述べて彼を賞賛した。そして締めくくりの前に、運輸通信分野の近代化のための《ESCAP運輸通信の十年《ディケード》》プロジェクトを本年からスタートさせたことは彼の最大の業績だと絶賛した。ステートメントの結びとして、退任後故郷で過ごされる悠々自適の人生が健康で幸せに満ちたものであることを祈念すると述べると、会場から割れるような拍手が起こった。E部長は白いハンカチで目頭を拭っている。私は、部下たちの日頃の陰口を忘れて、素直に胸を熱くしていた。

その後の各国代表演説はどれも部長賛歌で始まった。ESCAPの年次総会だというのに、この現象はドミノ倒しのように続いた。また、会場ではところどころで小さな漣《さざなみ》が起こっていた。部長への文言を入れ忘れた代表団が自席で原稿の修正作業を始めたと推察された。こうして、総会初日の午前中は部長賛歌がまるで彼を送りだすレクィエムのように厳かに続いたのだった。

午前のスケジュールが終了した後、私は日本人仲間と昼食をとった。M君と部屋に戻ってくると、部の仲間が雑談に花を咲かせていた。部長はどこかの国から昼食会に招かれたとかで不在だった。雑談の話題はもっぱら、各国代表演説で起こった部長賛歌のドミノ現象であった。ミスター毀誉褒貶が、これほどまで盛大に、惜別と賞賛の花吹雪で送り出されようとは誰もが想像しなかったらしい。ところが、昼食から帰ってきた一人の秘書が、新たに雑談の輪に加わると雑談のトーンは一変した。

秘書によると、総会が始まる直前のある日の午後、部長はたまたま居残っていたその秘書に、手書きの原稿を手渡してタイプするよう命じたという。一ページに満たない手書きの文章は、自作の、E部長賛歌と惜別の言葉に満ちた原稿で、何度も推敲を重ねた跡があったそうである。秘書がタイプし終わると、部長はそれを持って何処かに出かけたらしい。

話を聞いた雑談の輪に、感嘆と非難の入り混じった溜息が起こった。さすがは部長、事前に花火を仕掛けておいたのだ。昼休みの雑談は再び燃え上がった。

自室に戻るとM君と二人で話題の続きを話した。まず部長自作の原稿を誰に頼んだかである。ドミノ現象を期待するなら早い方がいいが、一番バッターのアフガニスタンは政情不安だし、部長とは縁が薄そうだ。次はオーストラリアだが先進国だからまずないだろう。その次はバングラデシュだ。しかしここに頼むと同国出身のキブリア事務局長に筒抜けになる。次は中国だが東側の国だし、結局インドかインドネシアに頼むのが無難だ、というのが二人の推測だった。

「インドとは親しいし、例のコンサルタント雇用で恩も売ってある。また、インドネシアの代表がE部長の後任だとすればここも頼みやすそうだ」

こう推論するとM君も笑って頷いた。しかし、そんな仕掛けをしなくても、ほどほどの部長賛歌なら起こったはずだ、というのが二人の結論だった。

いずれにしても、部長の作戦通りドミノ現象は起こった。記念すべき彼の退任総会で、部長の仕掛け花火が、スターマインのように華やかに夜空を焦がしたのは事実である。

観客席の〝さくら〟に発言させる戦術は、寡黙で自己主張を嫌う日本人社会ではよく使われる手段だ。会場を盛り上げたり、議論を誘発したりする誘い水として有効だからだ。そんな戦術が、国連でも威力を発揮している。

何時の日かこの〝さくら戦術〟を私も活用してやろう、と考えていた。

さて、第四十一回ＥＳＣＡＰ総会の報告書草案作成時、各国代表による部長賛歌を無視するわけにいかなかった。報告書に次の一文を書き加えたのはそんな理由からである。これは我々から部長へのささやかな贈り物であり、報告書に残した彼の墓碑銘なのだ。

「運輸通信観光部長E氏は近々国連を退職予定であるが、当総会は、氏が域内国の運輸通信部門の発展のために尽くした業績や、《アジア太平洋地域運輸通信の十年》プロジェクト（1985―1994）のために行なった賞賛すべき貢献に対して感謝の意を表した（註1）」

部長は国連を退職した後、しばらくバンコクに留まって心と家財道具の整理を行なった。そしてその年の七月初旬、家族とともに帰国した。

彼がバンコクを離れた後、ESCAPでちょっとした騒動が起こった。部長宅に取り付けてあった国連財産の電話器がなくなっているというのだ。部長が転居時に売却してしまったと総務部の担当は慌てた。運輸部の秘書たちは私利私欲に細かい部長らしい去り方だとその徹底振りに半ば呆れ、半ば感心しながら噂した。

しかし、私は別の視点からこの〝事件〟を見つめていた。もしこれが事実なら、部長が仕掛けた二発目の花火に違いないと考えた。私利私欲が目的ではなく、国連を少しでも永く自分に繋ぎとめておくために用意したもう一つの仕掛け花火なのだ。

部長は人生の後半を国連とともに生きてきた。国連なしに彼の人生は語れなかった。その国連との関係を突然、ドラスティックに絶ちきられる寂しさに彼は耐えられなかったのだ。

そんな折、荷造りに忙殺されていた彼の目にふと止まったのが、国連が設置した電話であった。そこで彼はいいアイディアを思いついた。国連との絆をしばらく繋ぎとめておくためにこの電話を利用しようと思い立ったのだ。そして彼は電話を売り払った。こうしておけば国連の担当が必ず連絡してくるはずだ。国連の紋章《エンブレム》が印刷された懐かしい封筒が、電話に関する文書と共に国連の雰囲気を運んで来るに違いなかった。彼はこんな風に考えた。結果は彼の意図した通りに運んだ。国連には迷惑な話だが、国連からの連絡が来る度に、E氏は過ぎし日の栄光とその思い出に浸っていたはずである。

ミスター毀誉褒貶。彼はこうして最後まで我々に話題を提供し続けた。他人の批評はどうあれ、私には何処か憎めない、忘れ得ぬ国連職員の一人であった。

## 2
## 技術や経験のない人の処世術

ミスター毀誉褒貶が国連を去った後、ベンダさんが部長代行《オフィサー・イン・チャージ》に任命された。彼がキブリア事務局長に提出した何通かの抗議のメモが功を奏したと人々は考えた。インドネシア人の新部長が着任するのは十月頃だというから、半年余りの長い部長代行である。国連のルーズなリクルートシステムがここでも人事の不連続性を生んだ。その結果、さまざまな人間感情を弄ぶ事件が発生したのである。

ベンダさんは上機嫌だった。彼は運輸部で最もランクの高い職員としてのプライドが保たれた。

今までは部屋に引きこもるか、部の外に出て行くことの多かった彼がひっきりなしに部の中を巡回し、仲間と接触しだしたから愉快である。

しかし、ベンダさんを思っても部の職員を思っても、果たしてこれが最善の策だったのだろうか。彼を部長代行にするくらいなら、新部長を前倒しして着任させるか、それが不可能ならE氏の退職を半年延期したほうが良かったのではないか。勿論、E氏は喜んでポストに留まったはずである。こう思っている仲間は少なくなかった。

部長代行に任命された日から、勝気なベンダさんは肩に力が入っていた。とは言うものの、彼は運輸・通信分野の門外漢であり、専門分野の知識と経験を発揮して上官の威厳を示すことは不可能だった。そこで、多くのジェネラリストがそうであるように、彼もまた「国連用語」と「国連の常識」に己の威厳を委ねた。言葉を換えれば、「国連英語」と「国連の常識」の砦に立てこもって戦うことに決めたのである。

英語を外国語とする我が部のタスクフォースにとって、これは有り難くない砦であった。前にも触れたように、ESCAPの規程によれば、部外に送る手紙やメモはすべて、部長（または代行）が差出人でなければならなかった。つまり、手紙類の内容とその英文についてベンダさんの審査を受け、ベンダさん名で発送することが必須となったのである。

ベンダさんは遂に武器を手にし、権力の側に立った。不幸なことだが、彼はこれを前部長時代の不遇に対する雪辱のチャンスだと考えた。その結果、ベンダさんと部の職員との間に亀裂が生じ、彼が次第に孤立化していったことは想像に難くない。

一方、雑務から開放されることになった私は安堵した。国連勤務の当初目的である、途上国への鉄道技術支援に心置きなく専念できるようになったからだ。毎日が俄然生産的になった。

最初に悲鳴を上げたのはシュマン博士であった。あるとき、博士は手紙の草案二通を持って、私の部屋に飛び込んで来た。温厚な博士が珍しく気色ばみ、憤懣遣る方ないといった表情だった。

シュマン博士はその頃、アジア鉄道協力グループの課題の一つ、「国際鉄道輸送の合理化」を推進しており、通関に関する実態調査と指導のため順次、関係各国を訪問していた。

博士によると、彼はまずA国宛、調査受入れ要請の手紙を立案した。これは、前部長時代にB国に送った同種の手紙をそっくり真似て立案したそうである。ところがベンダさんは前部長時代の残滓が気に食わなかった。草案を見て、「何と下手な手紙だ」と言い、ずたずたに添削したそうである。博士が見せてくれた（B国宛の手紙を参考にした）A国宛の草案は、確かに、真っ赤に添削されていた。博士はやむを得ず、ベンダさんが添削した通りに書き直し、ベンダさんのサインを貰って郵送した。

それから何日か経って、博士は次の調査地、C国宛の手紙を立案した。勿論、手紙の内容はA国宛と大同小異である。従って、ベンダさんが添削したA国宛の手紙をそっくり真似て草案を作った。ベンダさんが添削した通りなら直ちにOKが出ると信じたからだ。

「しかし、またこの通り」

博士はこう言って赤ペンで添削されたC国宛手紙の草案を（B国宛の手紙を参考にした）A国宛の草案と並べて置いた。

「二枚をよく見比べて下さい。今回ベンダさんが添削した結果、C国宛の手紙は前部長時代にB国に出した手紙とそっくりになっているでしょう」

私は二枚の草案を手にとって読み比べた。確かに、ベンダさんが添削した結果、C国宛の手紙は前部長時代にB国に出した手紙とそっくりになっていた。

「ベンダさんは草案Aを持っていくとBに添削する。それではと草案Bを持っていくと今度はAに添削する。彼は自分が何をしているか分かっているのだろうか。奴は頭がおかしい。この多忙なときに、彼の暇つぶしになんか付き合っていられない」

シュマン博士はフランス語訛りの英語で不満を吐き出すと、背中を丸め失望の色を漂わせながら出て行った。悪い予感が現実のものとなり始めている。

その頃、私が主に担当していたプロジェクトは順調に滑り出していた。そのため手紙や書類を立案してはベンダさんの関門を通過させる必要があった。ベンダさんは無論それを承知していた。復讐のチャンスとばかり、彼は鯉口を切って、私を待ち構えているはずであった。

私とベンダさんとの接触はウィーンセミナーの立案から始まった。ESCAPはその年（八五年）の秋、オーストリア政府の支援を受けてウィーン鉄道セミナーを企画しており、その折衝が始まっていたからだ。

一計を案じた私はベンダさん対策として、担当の女性エコノミストを前面に出すことにした。彼女には鉄道の経験がなかったが、それを補って余りある押しの強さと英語力があったからだ。手紙や関係書類は、私の鉄道知識と彼女の英語力を合体させ、ベンダさんを意識しながら作成した。そして、ベンダさんへの説明は女史が行なった。私は専門的な質問に答えるために彼女に同行した。ベンダさんと彼女のやり取りで面白いことに気がついた。承認する側のベンダさんより承認を求める彼女の方に勢いがあるのだ。それも時間が経つに連れて一層顕著になっていくのだった。

ベンダさんは私に、セミナー（seminar-cum-study tour）なんて物見遊山で価値がない、と常々主張していたのに、彼女には何も言わなかった。逆に、ベンダさんの質問に対し彼女が「そんな意味のない質問をして何になるの」と戒めると、彼は慌てて質問を引っ込めるのだった。

あのベンダさんが女性エコノミストを扱いかねている。彼は強い女性に対し、明らかに特別な反応を示していた。後日確認したことだが、赤リボン女史という別の強い女性と対峙しているときもそうだった。彼女の強い口調に接すると、彼は主の前の飼い犬のようだったと記憶している。

――きっと、戦争に翻弄された生い立ちのせいだ。彼は幼くして母親と死別している。あれは亡き母への憧憬や思慕の情が屈折した結果かもしれない。

私は心理学者のように考えた。いずれにしても、私はベンダさんのアキレス腱を発見した。それからというもの、女性エコノミストという強い見方をできるだけ活用したのはいうまでもない。

一方、ベンダさんのパワーハラスメントは続いていた。彼の加虐的な人間関係は、技術力や専門

ESCAP のウィーン鉄道セミナー。左からミャンマー、韓国、マレーシア、インドネシア、タイからの参加者

知識では劣等感を感じるものの、国連用語や国連の常識で優位に立てる部下のうち、特に温厚な人を対象としているように見えた。

運輸部のアジアハイウェイ担当に建設省（当時）から派遣された日本の道路技師がいた。このJICA専門家は何代か続いている伝統あるポストに私より少し遅れて着任した。担当業務はアジアハイウェイ・ネットワークに関する一切である。

あるとき、彼は完成したアジアハイウェイの調査報告書を印刷し配布しようとして、ベンダさんに捕まった。彼もシュマン博士と同様、英文を散々弄ばれ、貶されたのである。挙句、ベンダさんに「君の英文はアンダー・グラデュエイト並みだ」と宣告されたからたまらない。

「報告書の技術的内容には全く触れず、英語だけにけちを付ける。しかもアンダー・グラデュエイトとは何事だ」

額の広い、いかにも秀才そうな道路技師は眉を曇らせてお冠であった。

――シュマン博士やこの道路技師の英語とベンダさんの母語としての英語。途上国にとって、その差はどれ程の意味を持つのだろう。ESCAPは技術支援を行なう所で言葉は伝達手段に過ぎない。経験や知識を伝えること、技術を指導することができれば、それで十分ではないか。

私はそう確信していた。世銀の知人の話を思い出してそう思ったのだ。世銀が採用試験を行なうとき、試験官は受験者の何処を見るか、と私が質問したときのことである。

彼の答えは、まず第一に性格（適性）、次が専門知識、三番目が語学力だった。その理由は、採用後補正しにくい順に並べるとこうなると言うのだ。

性格が最優先だというのは面白いが、確かに社会人になってから性格を変えろと言われてもまず無理だ。つまり民族や宗教、文化の異なる人々の中でうまく仕事ができる人、明るく協調性のある人を優先的に採用するのだと思われた。

世銀では、語学力が不足なら勤務時間中に語学クラスに参加する等、いくらでも補正手段があるそうだ。勿論授業料はただである。しかし、性格補正のクラスはないね、と氏は笑った。また、世銀に勤務後、専門知識や経験を豊かにすることはまず困難だ。専門技術や知識は事前に持ちあわせていることが望ましい。彼はこう付け加えた。なかなか含蓄のある採用基準だと感心したものである。

一方、国連ESCAPはどうか。性格はさておき、技術や専門知識は無視して、英語の「てにをは」議論に口角沫《あわ》を飛ばしている。これでは経済社会委員会のあるべき姿とは程遠いのではないか。〝ESCAPは社会経済開発について加盟国政府に技術的な支援を与える〟ことを使命としているのだ。美しい英語を話しても中身がなければ意味がない。

さて、アンダー・グラデュエイトと言われた道路技師のご機嫌は、その後どうなったか。実は数日後、二人の女性が話した二言三言が特効薬になって、彼はご機嫌がすっかり回復し、いつもの人懐っこい笑顔が戻っていた。そして昔通りエネルギッシュに仕事をし始めたのである。

その最初の一言は国連勤務の日本人女性からであった。

「英語力がアメリカのアンダー・グラデュエイト並みだ、と評価されたそうですね。アメリカの大学生並みの語学力があるとは素晴らしい。何故なら、アンダー・グラデュエイトとは大学生のことでしょう。日本人でアメリカの大学生並みの英語力がある人はそういませんからね」

彼女はこんな風に、揶揄と慰撫の言葉を織り交ぜて語りかけた。

これを聞いた道路技師は喜んだ。目を細めて照れ笑いしながら、ひょっとするとベンダさんの発言は思ったほど屈辱的ではなかったかも知れない、と思い始めたのである。

二人目の嬉しい発言は編集課《エディトリアル・セクション》課長のC夫人からであった。彼女のその一言は、この道路技師のみならず、英語を外国語とする多くの職員の気持ちをどれだけ楽にさせたことか。思い出すたびに笑みがこぼれたものである。

ある日のこと、午前の会議を終えた我々は自室に戻るため、二階ホールでエレベーターを待っていた。このホールは渡り廊下で大会議場と繋がっていた。ベンダさんとM君が一緒であったが、そこにC夫人が合流したのである。夫人は私を見るなり、

「文書の推敲が終わったから、お急ぎなら後で取りにいらっしゃい」

と私に声を掛けた。ベンダさんの関門を通過した後、公文書の最終チェックをお願いしていたのだ。

「有難うございます。昼食後、秘書が取りに上がると思います」

御礼の言葉を述べると共に、日頃の分け隔てのない協力への感謝の言葉も付け加えた。

「何時も下手な英文の添削や推敲をお願いし、御迷惑をおかけしています。ベンダさんには、そのことでしょっちゅう叱られています」

ベンダさんを意識してこう話したのだが、ベンダさんは無表情のままであった。エレベータードアが開いたのでみんな一塊りになって乗り込んだ。エレベーターは会議を終えた人々で混んでいた。ベンダさんと私が夫人の傍で、体が触れそうな位置に立っているのを確認したC夫人は小声で話を繋いだ。

「迷惑ですって。とんでもない。それが私たちの仕事ですから。でも、アメリカ人だって同じですよ。アメリカ人ならみんな英語が書ける、と思ったら大間違いですよ」

英国出身のC夫人は首を捻ってベンダさんを見ている。

「でも、英語が母語の人と我々とでは……」

比較にならない、と言おうとしたのだが、夫人は私を遮った。

「私は会話やコロキュアルな（口語体の）文章のことを言っているのではないの。きちんとした文章のことなの。そういう文章となると、アメリカ人だって、からきし苦手ね。それはひどいものよ。そうでしょう、ベンダさん」

夫人は「アメリカ人」と抽象的に表現したが、どうもベンダさんのことを言っているらしい。ベンダさんは右手を後頭部に当てて苦笑いをしている。エレベータの中で耳を立てていた人々からくすくすと笑いがこぼれた。確かに夫人の言うとおりだろう。日本語のできる日本人なら誰でも、新聞論説や議会演説のような格調高い文章が書けるというわけではない。

M君と私は噴き出しそうになるのを堪えて私の部屋に駆け込むように戻ってきた。それから道路技師を呼び、三人はドアを閉めて、

「ベンダさんの英語はアンダー・グラデュエイトらしい」

と、顎が外れるほど笑った。

実際、昼食後に秘書が受け取ってきた文書を見ると、ベンダさんが添削したはずの私の草稿に、更にあちこち赤ペンが入っていた。

例えばその中に、ベンダさんが“keeping in mind that〜”という表現に修正した箇所があった。ところが編集課はこれに赤ペンを入れ“bearing in mind that〜”に添削していた。辞書を引いてみるとどちらも「〜を心に留める」とあって、私にはその違いが分からなかった。そこで、編集課の担当に電話で尋ねてみると、格調の違いだという。国連の文章としては後者が相応しいのだそうだ。

何年か後になって、知り合いの在日アメリカ大使館参事官にこの一連の話をしたことがあった。すると彼は、そんな無駄をしているから国連に膨大な経費がかかるのだ、文章をいじくり廻しても途上国に何の成果も期待できないではないか、と真顔になった。

この参事官はベンダさんとC夫人の両方のことを言っているらしかったが、私はコメントを挟まなかった。いずれにしても〝てにをは〟に時間をかけ過ぎるのは無駄なことだ。正規な文書だけで十分なのだ。この参事官の言葉をベンダさんに聞かせてあげたい、と心底思ったものである。

主管部のトップたる者は、「途上国発展を効果的に技術支援する」という視点で行動すべきだ。文章のてにをははその次だ。

## 3 クーデター

その日（一九八五年九月九日）の出来事はバンコクの忘れえぬ思い出の一つである。今でも昨日のことのように鮮明に、私の記憶に残っている。バンコクで市街戦を経験したのだ。

雨季の薄雲が空を覆う月曜日の朝、私はいつものように車でスクムビットの自宅を出た。それから、いつもの道を通って国連ビルのある官庁街に向かっていると、突然巨大な戦車と遭遇した。戦車は横向きに道を遮り、砲門をこちらに向けている。一発お見舞いされそうな気配である。そばに迷彩色を纏った兵士が銃を構えて立っており、「引き返せ」と合図を送っている。何やらただならぬ気配だ。

運転手はそれを見て意味不明の奇声を発すると慌ててハンドルを切った。見慣れないソイ（小道）に入り、別の大通りに出る。ペブリかピサヌローク通りらしく、車窓から競馬場が見え隠れしていた。ところがこの道の先にも道路を遮断する別の戦車がいて、やはり兵士が銃を構えて立っている。

運転士は再びUターンしてまた別のソイに逃げ込んだ。バンコクに交通渋滞が始まる頃なのに街から車と人影が消えている。異様な力がバンコクの街全体を支配している気配である。危険を避け試行錯誤しながら国連ビルに辿り着いたときはいつもより三〇分以上かかっていた。

部屋に入るとタイ人のブリンナー氏がイヤフォンでラジオ情報を聞いていた。その傍でM君と中佐が適宜英語の説明を受けている。私が近寄ると、M君が目を丸くして「クーデターだ」と言う。八五年の軍事クーデターはこんな風に、何の前触れもなく始まった。クーデターは最初、無血で成功したと思われた。クーデター側のラジオ放送が「全権を掌握した」と宣言し、彼らの成功を繰り返し放送していたからである。

確かに街は極めて静かであった。国連ビルの北側の、まさに目と鼻の距離にある旧国会議事堂前の広場には、続々と戦車が集まっているという情報があったが、銃声はおろか、拡声器の声一つ聞こえてこなかった。

タイ人によると、クーデター軍は広場東の王宮側を背にして陣を構えるのだという。この陣だと政府軍は絶対に砲撃できない。万一砲撃して、迷走弾が王宮に飛び込んだりすると、大変な問題になるからである。タイの国王は国民の絶大な信頼を得ている。これは日本人の想像を絶する。その国王の宮殿を攻撃する軍隊は、国民の支持を得られるはずがないからだそうだ。

そう言えばこの時点では、政府軍からの砲撃は一度もなかった。確かにこの戦略は効を奏しているようにみえた。しかし、私には疑問が残った。王宮を背にして陣を構えるのは、畏れ多くも、国民が尊敬する国王を盾にしているようなものではないか。そんな不遜な態度で国民の支持が得られるのだろうか。

ラジオ放送は引き続き、クーデターの成功を伝えるとともに、市民に冷静な対応を呼び掛けていた。憲法の停止、議会の解散、全閣僚の解任なども放送された。

しかし、この頃から事態は混沌とし始める。別のラジオ放送がアチット国軍最高司令官の声で、「政府軍（陸軍第一管区司令官）の指示に従うように」と放送し始めたからである。陸軍幹部も全軍に、アチット国軍最高司令官の指示に従って、直ちに所属部隊に復帰するよう、ラジオを通じて繰り返し呼び掛け始めた。

「この様子だと市街戦が始まるかもしれない。市内が混乱する前に職員を返した方がいいのではないか」

ブリンナー氏は、M君を伴って私の部屋に入ってくるとこう言った。何時も冷静なブリンナー氏が珍しく緊張している。部長代行のベンダさんは肝心のときなのに所在不明だという。そう言えば、中佐の姿もいつの間にか消えていた。時計を見ると九時半を少し過ぎている。

「私は指示する立場にないが、緊急業務のない人は帰っていただいたらいかがでしょう」

ベンダさんの無責任さと自分たちの仕事量を考えながらこう答えた。

翌日から四日間、アジア鉄道協力グループの小委員会が開催される。鉄道チームは準備作業に追われていて、できれば仕事を続行したかった。

机に向かっていると、にわかに外が騒がしくなった。銃撃戦が始まったのだ。機関銃の乾いた忙《せわ》しい音やライフルの単発音が響いている。大砲の音が轟くと、国連ビルの窓ガラスが一斉にびりびりと鳴った。急いで北側の部屋の窓へ行ってみると、旧国会議事堂左側の第一師団司令部のあたりから砂煙が上がっている。砲弾の飛ぶ風切音まで鮮明に聞こえてきて、どきどきするような緊迫感である。

「危険だから直ちに避難するように」とビル内で繰り返し放送があった。

「急いで避難した方がいい。早く、早く」とシュマン博士が声をかけて出ていった。

後日、博士は、平和呆けの日本人には付き合いきれないと揶揄しながら、M君と私にこんな話をしてくれた。

フランスは徴兵制度を採用しており、当然博士にも軍隊経験があった。彼の兵役経験によれば、初心者に大砲を持たせると、最初は大きな標的を狙いたがるのだそうである。この辺りで最も大きな建造物は国連ビルだ。従って最初の標的がこのビルになる確率は非常に高いそうだ。確かに、国連ビルは旧国会議事堂前広場からは一キロ足らずの距離だから、楽々射程距離内にあった。

「居残って砲撃戦の写真を撮っていたなんて、まったく呆れた」

博士はこう言ってM君と私を窘《たしな》めた。

実は、M君と私も博士の助言に従って、一度は退室を試みたのである。ところが、エレベーター・ホールまで行ってみると、エレベーターはすべて満員通過である。それではと階段を覗くと、こちらも人の群れが荒れ狂う激流のように下っていた。パニック状態である。とても身を投じる気になれなかったのだ。

結局、折角だから写真を撮っておきたいというM君に付き合って、北の窓から市街戦を眺めていたのだった。恐怖と好奇心で全身をぞくぞくさせながらの観戦であった。窓ガラスがびりびりと鳴るたびに胸が喘ぎ、気がつくと体中が汗でびっしょり濡れていた。

後で知ったことだが、この間に、オーストラリア人のNBC特派員ら民間人三人、兵士二人、合計五人が死亡し、約六〇人が重軽傷を負って病院に運ばれたそうである。

我々はすっかり人のいなくなったビルをそっと抜け出して帰途についた。銃声の聞こえる危険地帯を迂回し、車で溢れた道を避け、再びくねくねと遠回りしながら時間をかけて自宅に帰った。

自宅に辿り着くと、お手伝いのノムさんがトイレットペーパーや洗剤など日用品を買い込んできて、テーブルの上に山のように積み上げていた。前のクーデター（一九八一年）のとき、店頭の物資がすべてなくなるという苦い経験をしたそうである。そして、知っている日本語を駆使してこう言った。

「兵隊さん、喧嘩、大変ね」

テレビ報道によれば、クーデターは約十時間後に鎮圧されたそうである。首謀者のマヌーン元陸軍大佐は国外に亡命したという。テレビには、横向きになった市街戦の模様が、繰り返し放映されていた。死亡したNBC特派員の手にあったテレビカメラが回り続け、撮影したのだそうである。

何のための死か。何のためのクーデターか。悲しく、重苦しい画面が、まるで路上に倒れた特派員の目から見た光景のように映し出されていた。

ベンダさんによる「国連用語」と「国連の常識」を機軸とした部長代行業務は、その後も厳しさを増しながら続いていた。我々は極力クーデター的行為を避け、平和的、非暴力的に抵抗した。即ち、ベンダさんと接触しないで仕事を遂行する方法に知恵を絞ったのだ。例えばバーン博士は要請に基づいて加盟各国で鉄道コンテナのセミナーを開催していたが、電話と親元のGTZ（西ドイツ版のJICA）を最大限活用していた。また、ある人は明らかに業務の内容を変更した。ベンダさんの指導を受けずに進められる仕事を優先したのである。

こうして生じた、ベンダさんを避けようとする雰囲気を、ベンダさん自身も感じ取っていたはずである。彼が運輸部職員に対する不快感を増殖していったのは言うまでもない。

予想通り十月末、インドネシアからF氏が部長に着任した。運輸部の人々は半年振りに開放された。部長代行を解かれたベンダさんは昔のように自室のドアを閉じた。在室なのか不在なのか、彼の部屋はいつも静かであった。

あるとき、会議場から戻ってくると、ベンダさんの部屋のドアが開いていて中がすっかり空になっていた。二年間の契約期限が過ぎて、開発計画部に戻ったらしかった。しかし、我々に一言の挨拶もなかった。

その翌年（八六年）の三月、彼は諸々の評判にも拘らず社会開発部長に栄転した。オーストラリアに帰国したN部長の後任であった。早速、社会開発部から不協和音が響き始めた。が、我々は気の毒だとは思うものの対岸の火事ほどにしか思っていなかったのである。ところが彼がプロジェクト評価委員会《レヴュー・コミッティー》の委員に任命されると事情は一変した。

この委員会はドナー（資金提供国または団体）に資金協力を要請するプロジェクトの優先順位を決定する審査機関で、既に八七年プロジェクトの審査が始まっていた。そして、悪い予感は的中した。彼が委員に名を連ねた途端、運輸通信部門のプロジェクトのほとんどが落選の憂き目に遭ったのだ。我が部にいた頃の不愉快な人間関係への報復だと思われた。

当然のことながら鉄道も惨めな結果になっていた。落選した鉄道案件の中に「都市交通における鉄道の役割」と題する、日本でのセミナーがあった。これはアジアの途上国の人々に都市交通分野での鉄道の重要性を認識してもらうため、シリーズで行なってきたセミナーの最終回にあたっていた。セミナーは八三年にベルギーの都市交通を勉強することから始まった。以来、フランス、オーストリアと続き、八六年は西ドイツとソビエトの二ヶ国で開催する準備が既に進んでいた。締めくくりは八七年の東京開催である。

ベンダさんはこういう事実を知りながら、日本での開催を阻止しようとしていた。私は、落選が伝えられた後、勧められてこのセミナーの重要性をしたためた再審査要請の「メモ」を委員会に提出してみた。しかし、この最初の努力は何の変化も生まなかった。M君や秘書の情報チャンネルを使って探りを入れてみたが、好意的な情報は何一つなかった。

それでも私は諦めなかった。諦めればベンダさんの軍門に降ったことを意味する。いや、そんな面子よりも、途上国に都市交通機関の重要性を理解してもらうチャンスが失われることを恐れた。アジアの途上国の大都市はどこもひどい交通渋滞に悩んでいる。この都市交通を改善するには大量輸送が可能な鉄道しかない。そのために日本を見てほしい。質は劣るがヨーロッパ諸国と違い、政府から補助金を貰わずに運営している日本を是非知ってほしかったのだ。

次に、ベンダさんと直接会ってセミナーの必要性を説いて理解を求めてみた。しかし、彼は会った途端、機先を制するようにこう言った。

「セミナーといえば聞こえは良いが、excursion（遠足）か、単なるsight-seeing（物見遊山）に過ぎないのではないか。私はその価値を認めない」

次に三番目の努力として、この委員会の座長をしているESCAP次長のN氏に直接会って実情を訴えることにした。N氏は日本人である。

「よく分かりました。努力してみましょう」

私の訴えに静かに耳を傾けた後、彼は穏やかにこう約束した。しかし、時間が経過しても一向に変化の兆しは見られず、何の情報も届かなかった。

八六年十月、挫折感が漂い始めた頃になってキブリア事務局長は運輸部にやってきた。部職員全員とプロジェクト審査について意見交換を行ないたいというのだ。部の爆発しそうな不満とベンダさんの明らかな報復の噂に彼はやっと行動を決意したのである。N次長の努力が遅ればせながら実を結んだらしい。私は彼に感謝した。

ソビエトの ESCAP セミナー

西ドイツの ESCAP セミナー

キブリア事務局長は、十分な意見交換を行なった後、次のように総括した。

・プロジェクト評価委員会の使命は、優秀なプロジェクトを選出することにある。ESCAPの平均当選率は約七五パーセント、つまりプロジェクトの四つに三つの合格を目安にしている。

・しかるに、運輸部を見ると、その当選率は三割に満たない。つまり合格は四つに一つ程度であり極端に少ない。この点に関し、評価委員会に善処を求めるよう働きかける。

・評価委員会に拒否されたプロジェクトで、十分論拠のあるものについては、直接自分のところに申し出てよい。私が直接審査し、どうするか考えよう。

私はキブリア事務局長の好意に感謝した。そして彼の指示に従って直ちに行動を起こそうかと考えた。しかし、我々には時間がなかった。事務局長がもう少し早く行動を起こしてくれていたら、と残念がった。ベンダさんの抵抗とその後の手続きを考えると翌年秋のセミナー開催は不可能に近い。それに、私には最後の手段としてとっておきの妙案があった。E氏が彼の最後の総会で実行したあのさくら戦術という名の〝クーデター〟である。

この年の六月に西ドイツ、九月にソビエトの都市交通セミナーがそれぞれ終了し、十一月には再び、鉄道政府間会合(Inter-Governmental Railway Group Meeting)が巡ってきた。私はこの会合が作戦実行の最後のチャンスだと考えた。この会合で東京セミナーを認知されなければすべての努力が無に帰する。

政府間会合の初日、私はインドとタイの代表と密かに会った。そして、「都市交通における鉄道

鉄道政府間会合

の役割」と題する日本でのセミナー開催に協力を求めた。これは「都市交通セミナー」シリーズの締め括りとしての日本開催であること、アジア鉄道協力グループ「都市交通」活動の一環でもあること、日本政府は要請があれば前向きに受けると内々約束していること、ベンダさんが個人的に反対しているためＥＳＣＡＰプロジェクト評価委員会の了解が得られないこと等、このプロジェクトを巡る経緯や背景について縷々説明した。また、この政府間会合で決議しないと時機を失することも付け加えた。更に、前部長が使った戦術に倣って、「都市交通セミナーを日本で開催する意義」を書いたメモを二人に手渡した。二人はその場でメモを読んだ。何度か読み返してから異口同音に、協力しよう、会場で発言しよう、と約束してくれたのだ。

作戦は見事に成功した。鉄道政府間会合では各国代表からの強い要請を受けて、都市交通セミナーの日本開催要請が議論され、議事録にその事実が明記されたのである。要請に基づいて直ちにセミナーの提案書はＥＳＣＡＰプロジェクト評価委員会に送られ、無条件で通過した。ベンダさんは何の抵抗もしなかったと知らされた。翌年八七年秋、都市交通セミナーは日本で開催されることが決定した。

私は複雑な思いでセミナーの案内状を書いていた。ベンダさんを突破した喜びもさることながら、途上国に有益なプロジェクトを実現するために、〝クーデター〟のような奇策を弄さねばならない国連ＥＳＣＡＰの在り様を憂えていたのである。

# 第9章 苦しいときの紙頼み

## 1 会議資料印刷拒否事件

一九八七年十月二十六日月曜日、久しぶりにＥＳＣＡＰに出勤した。いつものように早朝アパートを出て七時前にオフィスに入る。わずか三週間ばかりの不在だったのに、何だかとても永い空白に思える。見慣れたはずの自分の部屋さえ懐かしく思えるのだ。

それには理由《わけ》があった。この十二月には重要会議が目白押しに計画されていたが、準備が暗礁に乗り上げたまま東京に出張していたからだ。出張の目的は都市交通セミナー開催である。セミナーは期待通りの成果があった。それなのに焦燥と自責の念が心に立ちこめていた。

暗礁に乗り上げている原因は明白だった。企画調整監査室（PCMO）の室長〝赤リボン女史〟が、予算の厳しいことを口実に、会議資料の印刷を許可しようとしなかったからである。

彼女のこの行動は実に不可解で、常軌を逸したものだった。なぜならこの会議はすべて、年初にPCMOつまり彼女によって正式に了承されており予算計画に組み込まれていた。その上、会議場の確保や各国への案内状の送付は遅滞なく完了していたが、これも赤リボン女史の指示によるものだ。それなのに、今になって突然印刷不許可の行動に出たのは何故なのか。

表現を変えれば、各国から代表を招いて会議は開催してもよい、しかし資料なしでやれ、と彼女は主張しているのだ。貧しくて外貨のない国にとって国際会議出席のための支出は大変な負担である。それでも代表を送り込むのは、彼等が貧困から脱出しようと必死になっていて、藁にもすがる気持ちだからだ。ところが、会議に出席してみると資料一つ用意していないとなれば、これは途上国を馬鹿にした話である。貧しき人々を食卓に招き、献立表を見せておきながら一片のパンすら出さないのに等しいではないか。貧困の撲滅は国連経済社会理事会（ECOSOC）の最重要課題のはずなのに、そんな仕打ちは私にはとてもできない相談だった。

そこで一歩も二歩も譲って、真摯に彼女の立場に立ってみようとしたこともあった。そのときまず辿りついたのは、国連の財政が破綻しそうだという昨年からの噂である。「国連の予算は破産状態。十二月の職員給与の支払いが危ぶまれている」

実際、「バンコクポスト」はその年の十二月十三日と二十二日、噂を裏打ちするかのようなこんな記事を掲載した。同紙によれば、国連への滞納金は総額四億五六四〇万USドルあるそうで、その内三億四二八〇万USドルが米国分。デクエヤル事務総長（当時）は最大の滞納国米国と話を始めるという（その結果十二月の給与は遅滞なく支給されたのだが、オフィスでは、昼休みは電気を消そう、エレベーターを一機止めよう、というような形ばかりの節約のデモンストレーションが続いていた）。

印刷物節約令を出した背景にこのような国連の財政危機の噂があると疑ってみた。それにしても、節約の力点を印刷物に絞ったところがそもそも軽率だった。普通なら3Kと称して、広告費、交際費、交通費から手を付けるのが常識だが、国連には広告費や交際費はないに等しい。それなら交通費からとなるところだが、実際はそうならなかった。当時RB（通常予算）の旅費はほとんど、事務局長始め部長以上が使っていたから、そう主張する勇気がなかったのだ。幹部の機嫌を損ねたくなかったし、彼女自身の旅費を削ることにも乗り気でなかったのではないか。たった一回の海外出張を節約するだけで国際会議一〇回分以上の資料が印刷できるというのに、そのような発想がないのだ。

「徳川吉宗が倹約令を発したとき、自分も食事は朝夕二食、一汁一菜と干魚にしたそうだ。それに着物は木綿。上杉鷹山が倹約令を発布したときもやっぱり一汁一菜に木綿の着物だ。日本の名君と言われる人は皆、国民に耐乏生活を強いたときは自ら率先垂範したそうではないか。国連にこの精神は存在しないのかね」

M君と私はこう言って嘆いたものである。

もっとも、印刷物を減らそうという政策は別の意味で間違ってはいなかったと、PCMOの怪我の功名を認めたこともあった。なぜなら、ESCAPが作り出す膨大な量の文書には価値のないレポートが少なからず含まれている、と批判されていたからである。この意見には私も賛成する。英文だけは立派だが専門知識のまるでない、中身のお粗末なレポートに何度か遭遇していたからである。

そこで再び一歩譲って、印刷物から始める節約政策を認めたとしよう。しかし、いかなる方法、いかなる判断基準で、PCMOは印刷物を取捨選択しようというのだろう。ESCAPの担当する分野は農業、工業、天然資源、国際貿易や運輸通信観光から統計、社会開発、人口問題といった領域にまで及んでいる。これらの活動をつぶさに比較し、異分野のレポートを読み比べて優劣をつけられるほどの、幅広い知識や技術力を持った人がどれだけいるだろう。残念ながら私の知る限り、赤リボン女史やその配下にはそんな逸材は一人も存在しなかった。従って、この手法を採用するなら闇夜に刀を振り回すしかない。

不幸にもそんな折の十二月、二年に一度開かれる運輸通信委員会が一週間の日程で計画されていたのである。更なる不幸はその前の週にあった。そこには運輸通信委員会とシリーズで出席できるように第四回アジア鉄道グループ会議が組まれていたのだった。しかも、アジア鉄道グループ会議の前には、国際交通と標準化の小委員会が二日ずつ入っており、本会議への提出資料を審議することになっていた。

第四回アジア鉄道グループ会議はアジアの鉄道にとって記念すべき会議のはずであった。M君が中心になり、三年余りの艱難辛苦の果てに完成した《ESCAP諸国の鉄道統計》が一冊の本になり、ついに出版、配布されることになっていたからである。完成を祝して盛大な式典を挙行しよう、キブリア事務局長にもお出まし願おう、と密かに計画していたのである。ところが、女史はそんな記念すべき節目の会議に水をさし、式典どころか会議まで混乱させてしまったのだ。

オフィスの日本人仲間や秘書に買って来たお土産の分類をしているとM君が懐かしい笑顔を見せて入ってきた。挨拶の後はいつもの通り、木製の椅子にどっかと腰かけて、「東京セミナーはどうでした」と聞いた。

「大成功だった。でも土産話は後でゆっくりとね。それより、アジア鉄道グループ会議の印刷物がどこまで進んだか、そちらの方が心配で……」

私は、留守中一番心配していたことをまず尋ねた。

本当は東京セミナーの成功を自慢したくてうずうずしていたのだった。特に池袋から新宿まで、肉弾戦のようなラッシュを体験してもらったときのことを、である。引っ切り無しに発着する電車と乗り降りする膨大な人の群れ。サービスはお世辞にもいいとはいえないが、輸送効率抜群の日本式都市鉄道を体感して、脅威とも感嘆ともつかぬため息をついていた参加者を見たときは、してやったり、とセミナーの成功を確信したものだった。

「これなら補助金なしでもやっていける」参加者はそう納得したに違いなかった。

それからもう一つ、一九八七年四月の国鉄分割民営化後、仲間がどうしているか、M君に彼らの消息を知らせてあげる必要があった。

M君と私は分割民営化後も引き続き国連に残った。そのため、私の日本での所属先は日本鉄道建設公団（当時）に移った。国鉄からＪＩＣＡ専門家として海外に派遣されていた技術者もほぼ全員、公団に籍を移した。その結果、鉄道公団は海外技術協力のノウハウを備えた総合的鉄道技術集団に進化することになった。日本鉄道建設公団とは、あの青函トンネルを完成させた世界有数の鉄道技術者集団のことである。

一方、M君はＪＡＲＴＳ（海外鉄道技術協力協会）に籍を移した。途上国への鉄道技術協力を生涯の仕事にしたいという信念からだと思われた。

そんな訳で彼には伝えるべき情報がいろいろあったが、喫緊の課題を優先させたのだ。

「九月中旬に会議資料一九編、約五〇〇ページを印刷したいと願い出たら却下された。そこで一七編にし、ページ数も減らして提出したところまでは知っているが」

「そうです。一七編にして持ち込んだのが確か十月六日です。ところが数日後、それでも多すぎて了承しかねる、更に半分くらいに減らさないと受け取れないと言ってきた」

Ｍ君は顔を曇らせて答えた。

「それじゃあ、去年の鉄道政府間会合のときとあまり変わらないな」

私はいやな予感に声を落とした。

鉄道政府間会合は加盟国の国鉄総裁や運輸省高官が二年に一度、ＥＳＣＡＰの鉄道分野の活動方針を議論する会合で、運輸通信委員会のない年に開かれる。

このときは時間ぎりぎりになってから更に印刷枚数の削減を要求してきたのだった。これ以上の削減は無理だと抵抗すると、サマリーにするなり章を削るなり方法はあるだろうと譲らない。技術レポートのサマリーや章の欠落したものなど、ほとんど役に立たないのに、そうしないと印刷させないという。そして最後には、鉄道の会議資料はあまりに技術的過ぎてＥＳＣＡＰには馴染まない、と苦言を呈した。

技術的過ぎる、とは困った言いがかりである。何度も述べたように、ＥＳＣＡＰは「社会経済開発について加盟国政府に技術的な支援を与える」国際機関である。fish を与えるより、fishing（技術移転）を指導する組織だ。(註1) 技術的過ぎるとは認識不足もはなはだしい。

結局、理不尽な意見を呑んで、あのときは徹夜になった。しかし、あんな愚かなことは二度とすべきでない。特に、アジア鉄道統計の初版が披露される記念すべきアジア鉄道グループ会議は、万雷の拍手の中で成功させたかった。

「ともかく、半分にしろとＰＣＭＯは譲らない。そこでやむをえず、またページ数を減らし、約三〇〇ページにして十三日に再度関係書類を提出した」

Ｍ君は話を元に戻した。

「それから女史がしばらく出張し、その間、補佐のオーストラリア人が部長代行になった」

「ああ、あの気の弱そうな中年男だね」

「そうです。ところが彼は『私はこの件には一切タッチしない。女史の帰国まで待ってくれ』と言う。それでは部長代行の意味がないではないか。私がそう言って説得しても頑として譲らない。終いには、あんた、女史が怖いのかと言ってしまった。すると、『お前に何と思われてもいい。とにかくこの件で彼女にがみがみ言われたくない』と開き直って梃子でも動こうとしない。残念ながらそれ以降進展なしです。すみません」

Ｍ君は申し訳なさそうに、大きな体を小さくして詫びた。

Ｍ君の努力に感謝し彼を慰めてから、私は赤リボン女史との接触を試みた。しかし、何度電話しても彼女は捕まらなかった。十一月六日の午後、やっとアポイントがとれて、私は祈るような気持ちで十五階へ上って行った。

入口の秘書に通されて部屋に入ると、彼女は炎天ゴルフで鍛えた赤銅色の顔をあげて、私に冷たい視線を送った。そして、機先を制するようにこう言い放った。

「予算は払底しており会議費は既に赤字になっている。そんな折に、アジア鉄道グループ会議のようなsubstantive（本質的）でない会議に予算は回せない」

私は唖然として立ち尽くした。会議に関するすべてを承認しておきながら印刷だけは認めないという支離滅裂に加えて、今度は域内鉄道が精力を傾けてきた重要課題を本質的でないと言い切ったのである。そして、私が何を話しても、赤リボン女史は私の主張に覆い被せるように、同じ主張を繰り返した。

三〇〇ページくらいなら何とかなると思ったが甘かった。彼女は印刷の一切を拒否する構えだ。彼女の意図するところは出費の節約だとばかり思っていたが何だか様子がおかしい。

この異常なまでに頑なな拒否の目的は何なのだ。これは本当に経費節約なのだろうか。いや、これは権力を笠に着た嫌がらせか後輩いびりに違いない。彼女は嗜虐的な趣味を楽しんでいるのだ。

――この忙しいときに彼女の暇つぶしに付き合わされるなんて。

私はこう思い始めていた。

「経済成長を刺激するような計画やプロジェクトを実施し、経済社会状態を改善し、近代社会の基礎造りを助ける」

このＥＳＣＡＰの存在意義は何処に行ってしまったのだろう。

いずれにしろ、アジアの鉄道は土壇場で完全に梯子を外された。私は一七の加盟国、支援を心待ちにしている貧しい鉄道を弄ぶ彼女を許せない気持になっていた。自室に戻りながら、「本質的でない」と言い切ったアジア鉄道協力グループの経緯を思い返してみた。

思えば一九八三年三月の大臣会議は希望に満ちていた。ＥＳＣＡＰ加盟国の鉄道担当大臣が一堂に会し、アジア鉄道協力グループの設立にむけて参加希望国代表が一人一人〝バンコク宣言〟に署名を行なったのだ。署名者の背後には、その国の国旗と国連旗が飾られ、式典を一層晴れがましく見せていた。

日本の代表は関谷勝嗣運輸政務次官であった。彼は日本の代議士には珍しく（失礼）流暢な英語で、鉄道活性化の重要性や、アジア鉄道協力グループへの日本政府の具体的協力を演説して万雷の拍手を浴びた。それから署名式典に臨み、中国やインド等と共に署名を行なった。私は日本代表団の末席から拍手を送りながらこの歴史的事実を確認した。

――関谷代表が「本質的な活動でない」という発言を聞いたらどう思うだろう。

この〝バンコク宣言[註2]〟は二ページにわたって、設立の必要性や果たすべき機能、会員資格などを謳っている。ここで最も重要なのは、この宣言が「グループ活動の推進母体はＥＳＣＡＰである」ことを前提にして行なわれている点である。それは第五回運輸通信委員会の進言を受けて、第三十八回ＥＳＣＡＰ総会（一九八二年四月）が承認したと言っているから事実として紛れもない。本質的でないとは読みようがない。

一九八四年の第四十回ＥＳＣＡＰ総会は東京で開催された。節目の総会を祝って日本政府がホスト国をかって出たのだ。総会の議長は安倍晋太郎外務大臣（当時、晋三元首相の父君）であった。この総会には第七回運輸通信委員会の報告書が提出され採択されているが、ここには以下のような表現が含まれている。

「アジア鉄道協力グループ（APRCG）はESCAP内に設立されており（中略）毎年グループの報告書をESCAP総会（コミッション）に提出するよう進言する」

「ESCAP運輸通信観光部はグループ活動が円滑に進むよう中枢的役割を果たすよう進言する」（註3）

これらの内容は安倍議長のもと、満場一致で採択された。つまり、ESCAPの最高決定機関の決定事項である。

部屋に戻って隣を覗くと、M君は不在だった。私は部屋の戸を閉めて椅子に腰を下ろした。誰か人が来ても会う気分ではなかったのだ。M君に申し訳ない気持ちで一杯だった。

――M君ご免。

ドアを閉め切ると天井が高く感じられた。ブラインドの隙間から強い陽射しが縞模様に差し込んでいる。まるで水槽の底に蹲《うずくま》っているようだ。自分の至らなさで途上国鉄道にも申し訳ないことをした。

両手を頭の後ろで組みながら天井を眺めていると不意に独り言が口をついて出た。

「参ったサンに成田サン」

こんな念仏が思わず口からこぼれて私はハッとなった。念仏は私の様々な感情を封じ込めて、泡のようにゆらゆらと天井に昇っていった。まるで、クローン（運河）の澱みに浮き上がるメタンガスのあぶくのようだ。私には独り言の習慣がなかった。それなのに思わず飛び出した独り言である。

私は再び考えた。アジアの仲間は、域内の鉄道を少しでも近代化しようとグループ作りから始めてきた。お互いに協力しながら発展するためには、まず統計だ。人口統計、農業統計、工業統計、貿易統計、ここにはいろんな統計があるのに、不思議なことに鉄道統計はなかった。そこで、互いを比較しあえる「共通の定義に基づく統計」を取ろうと、定義の統一に二年以上かけた。中国、インド、タイ、日本の四幹事国は何度も集まった。バンコク、北京、クアラルンプール、インドのラクノウ、多くの専門家の意見を聞くためアジア各地で会議を持った。M君がこの責任者だった。国際交通や標準化もグループの重要課題だった。国際列車が国境を越えて走るために解決すべき多くの課題、シュマン博士はこの問題解決に時間を割いてきた。

博士は昨年暮、任期を終えて帰国した。しかし、フランス政府はこの国際会議の準備のために、再び、彼をバンコクに送り込んだ。フランス政府はそれほど今回の会議の重要性を認識していたのである。博士は会議の一月前に到着し、我々と一緒に、まるで一年間の空白がなかったかのごとく活動してくれていた。

アジア鉄道協力グループに最後に加わった「都市交通」は、途上国の大都市が抱える共通の課題だった。このためESCAPは、ベルギー、オーストリア、フランス、ソビエト、西ドイツ、日本でセミナーを開催しては、途上国に必要な情報を提供してきた。赤リボン女史を含め、バンコクに住んでいる人なら、誰でも、慢性的交通渋滞を通じてこの問題の重要性を認識していたはずである。

会議はあとひと月後にせまっていた。しかしM君と私はまだ希望を捨てたわけではなかった。アジア鉄道グループ議長国インドや地元タイ国鉄と相談し、必死に打開を試みた。そして壁に突き当たると、どういうわけかこの念仏が口からこぼれ落ちた。

「参ったサンに成田サン」

通勤時など、渋滞の車中はまたとない思考の機会であった。思考が難題を堂々巡りし、ついに焦燥が頂点に達すると、やっぱり念仏が口からこぼれ落ちた。すると運転手が「何か言いましたか」と聞き返すので、私は少年のようにまごついた。エレベーター内の数分間もそうだった。私が念仏を発すると小さな箱の中の人々は一斉に私に視線を送った。私はその度に下を向いてじっと耐えねばならなかった。

作家の開高健は、若い頃、何か恥ずかしいことをやってしまった後、それを思い出すたびに熱いヤカンに触れたみたいになって、「ア、チ、チ」と口に出して言うのが癖になっていたそうである（『夜と陽炎』新潮文庫）。

この頃の私がそうだった。ただし、作家殿は「ア、チ、チ」で、こちらは「参ったサンに成田サン」だったが。

何の進展もないまま十二月を迎えた。赤リボン女史は引き続き紙一枚の印刷すら認めようとしなかった。会議開催を中止するか、それとも資料なしで行なうか、事務局は瀬戸際に立たされた。幹事国のインド、中国、タイは女史の非常識に呆れる一方、我々事務局のだらしのなさに苛立ち始めていた。

我々は完全に進退きわまった。そして、時間切れ寸前、最後の手段による強行突破を決断したのである。まさに、窮鼠猫を咬む決断であった。

最後の手段とはＰＣＭＯには一切頼らず乗り切る方法である。まず特別予算（ＸＢ）を流用して紙を購入する。次に勤務終了後、ＰＣＭＯに見つからないように、空いたコピー機を使って自分たちで会議資料を作成する。勿論、予算の流用は違法である。また、コピーが膨大な時間と労力を要することや印刷より遥かに高価なことも承知の上であった。

「権力の横暴にたいする正当防衛として認められますよ。やりましょう」

このアイディアを強く主張したのはＭ君である。

幸い鉄道チームには日本政府がドナーのプロジェクトがあった。日本には後で理由を説明し丁重に謝罪することにし、急ぎ作業に取り掛かった。約三〇〇ページを六〇セット、合計二万ページ近いコピーはいかにも膨大である。Ｍ君と秘書のミセスレモンが勤務時間終了後、ＰＣＭＯの眼を避け、空いたコピー機を利用して交替で進めた。機械がオーバーヒートするという計算外の事態に慌てたこともあった。夜半の階段を駆け上ったり、駆け下りたり、他所のコピー機借用に走ったこともあった。それでも間に合いそうになく、最後は週末に出勤して、何とか期日に滑り込んだ。

私が二人の労をねぎらうと、Ｍ君は独り言のように呟いた。

「助けの要る人、できる人」

私は後を続けた。

「世の中、人間、この二種類」
二人は顔を見合わせて笑った。

アジア鉄道協力グループは、M君と秘書の身を粉にした努力のお蔭で、無事開催することができた。アジアの人々は遂に「アジアの鉄道統計」(《ESCAP諸国の鉄道統計》)を手にしたのである。

運輸通信委員会は引き続き十二月十四日から一週間の予定で始まった。アジア鉄道協力グループに出席していた各国代表の多くはそのままバンコクにとどまり、委員会にも出席した。

委員会初日はキブリア事務局長の開会挨拶やバンハーン・タイ国運輸通信大臣(当時、後の首相)の来賓挨拶の後、いつものように議長など三役を選出してコーヒーブレークに入った。

ロビーでコーヒーを飲みながらアジアの友人と談笑していると、秘書長が飛んで来て、私の耳元にこう報告した。

「アジア鉄道協力グループ会議報告書が印刷されていません。配布できませんがどうしましょうか」

秘書長の表情が硬直している。私は一瞬事態が飲み込めなかった。アジア鉄道協力グループの審議結果を運輸通信委員会経由で総会に報告することは前述の通り、ESCAP総会が決定した義務なのだ。

「またしても印刷拒否? しかし会議終了後、委員会向けの報告書をPCMOに手渡したときは素直に受けとったはずだが」

「そうです。ところが今朝になって、予算がないので印刷できないと言ってきました」

会議は既に始まっているというのに、なんという愚かなことをするのだろう。アジア鉄道協力グループの活動報告は義務ではないか。それに、金曜日に手渡された原稿が土日に印刷され、月曜の会議で審議されるのはＥＳＣＡＰでは常識だ。

女史は先日、資料印刷を拒否して我々の活動を窮地に追い込んだ。しかし、我々は彼女の軍門に降らなかった。コピー機を使って印刷し、白旗を揚げなかったのだ。それが彼女の怒りに油を注いだらしい。予算の払底は口実だ、と関係者は考えた。

「アジア鉄道協力グループ会議の審議経過が、当委員会に提出されて検討される」

開会挨拶の中でキブリア事務局長はこう述べた。挨拶原稿は私自身が書いたから間違いない。それなのに、資料が印刷されていないとなると恥をかくのは事務局長だ。

鉄道部門の審議は初日の午後に当てられていたが、資料がなければ審議はできない。困ったＦ部長は急遽、議事次第（Order of the Day）を変更することにした。資料の欠けた鉄道を後日に下げて、二日目にあった観光や通信など、幾つかの分野を初日に繰り上げた。

これは異例のことであった。審議変更が発表されると会場はにわかに混乱した。何故なら開会式典後、議題が二日目以降の出席者の中には会場を離れた人が結構いたからである。それに、初日は飛ばし、自分の議題が審議される日から出席しようという宿泊費節約型の代表も少なくなかった。出席者が初日からすべての日程に出席しているとは限らないのだ。そうした仲間を少しでも多く会場に呼び戻そうと、会場は審議そっちのけで混乱した。電話器にはどこも長い行列ができていた。

昼休みになると善後策協議のために、緊急部内会議が招集された。運輸部のほぼ全員が集まるとF部長は口火を切った。

「アジア鉄道協力グループの報告書印刷は、取りあえず適当なプロジェクト予算（XB）を流用して印刷し、急場をしのいだらどうか」

小柄で口元に髭を蓄えたインドネシア人はいつものように、穏健で誰もが受け入れやすい意見を述べると、ウェーブのある髪をかきあげながら一人ひとりを見渡し発言を求めた。

「その前に、PCMOが何故、会議直前になって印刷拒否などという暴挙に出たのか、原因を確かめておく必要があると思うがどうか」

一人が発言した。

「女史は、鉄道の誰かに個人的恨みがあるのではないか」

別の一人がこう揶揄したので皆の視線が私とM君に集まった。二人が慌てて手振りで否定するとみんなが笑った。実はM君と私も、同じことを話し合ったことがあった。しかし、お互い思い当たる節は全くなかった。

話題を変え会議を本論に戻すため、私は以下のような発言を行なった。

――アジア鉄道協力グループ会議の経過報告書は三四ページで、合計一五〇セット必要だそうだ。経理担当によればその経費は約八〇ドルだという。そこで、この出費が通常予算の中の会議費をどれだけ悪化させるのか聞いてみると、会議費はもうとっくに赤字になっていて、新たに八〇ドルが加わっても、今更どうってことはないと言う。つまり、赤リボン女史がこの支出を拒否したのは、アジア鉄道グループ協力会議がsubstantive（本質的）でないと勝手に決め付けた誤解からだと思われる。誤解のないように申し上げるが、この支出は委員会資料の印刷であって、アジア鉄道協力グループ活動そのものではない。女史はこの点を誤解していると思われる。

Ｆ部長は何人かの意見を聞いた後、結論として、自説の平和論を再び展開した。

「今は加盟各国の政府高官が集まる二年に一度の重要なときである。しかも時間は限られている。そんなときに印刷費のごたごたで重要事項の審議がストップするのは、ＥＳＣＡＰの醜態を晒すだけで極めてまずい。我々への信頼をなくし、国連を頼りとする貧しい国々を落胆させるだけだ。ここはどれかのＸＢ予算を流用して印刷し、乗り切ろうではないか。ＰＣＭＯへの抗議やキブリア事務局長への直訴は会議の後に行なえばよい」

彼はこう言って理解を求めた。

結局、当座しのぎにＸＢ予算が流用されることになった。ＲＢ予算が確保できた時点で補填するそうだ。総務担当のブリンナー氏がＲＢ獲得交渉の責任者を命じられた。

その日の夕方、バンハーン・タイ国運輸通信大臣主催の歓迎パーティがバンコク・インペリアルホテルで開催された。

パーティでも印刷拒否がグラス片手の話題になった。女史が日本人だということで日本を非難する人がいるのもやむを得なかった。国連職員は国際公僕で出身国とは何ら関係ない、国連の利益のためにのみ働くように誓約しているのだと、国連規程(註4)を持ち出しても無視された。彼女は二十年近くも海外にいて常識に関する限り最早日本人ではない、と話をそらしにかかっても食いついてこなかった。そして、こんな不埒を阻止するには日本大使館に抗議に行くのが最も手っ取り早い、というタイ人まで現れて私を慌てさせた。冗談だと思いたいが、タイでは実際にあり得ることなのだ。女史には後日、私が厳重抗議するから、とその場は取り繕ったものの、考えてみれば、直接の被害者は他ならぬ私とM君なのだ。全く割りの合わない役どころだった。

バンコクでの大使館への抗議行動は特段珍しいことではなく抗議内容も種々雑多だそうだ。例えば、プロボクシング、ストローウェイト級の世界タイトルマッチではこんなことがあった。

八八年六月七日大阪で開催されたチャンピオン井岡と挑戦者ナパの試合はバンコクでもテレビで生中継された。この試合の最終回、ナパのラッシュに倒れそうになったチャンピオン井岡を助けようと、約三〇秒早く終了ゴングが鳴らされた。テレビ画面に表示された残り時間を見る限り誰もがそう思った。ボクシングをこよなく愛するタイ国民はこれに怒った。翌日の「バンコクポスト」によると、早速約三〇名のファンがプラカード片手に怒声を上げ、日本大使館に押し掛けたそうである。

この他、タイ国皇太子の訪日中非礼があったとか、日本が寄贈した文化会館の設計に不満だとか、日本大使館へのデモや抗議は格別珍しいことではないそうだ。

パーティの終盤になって中佐やM君と合流した。二人とも「印刷費」を話題に飲んだらしく酒の量が目元に現れていた。

「女史のところに抗議に行くと参加者に約束したらしいね」と、中佐が聞くので、

「そうでも言わないと本当にデモを仕掛けそうだったからね」と私は弁解した。

「わが国にはこんな箴言があるよ」

中佐は笑顔を見せながらこう言ってロシアの箴言を披露した。

「三晩眠りなさい。三日たって、それでも決心が変わらなかったら、おやりなさい」

正義を盾にして感情に走らぬよう、私を戒めてくれたのだ。

——鍛え上げられたソビエト諜報部員からの助言だ。真摯に受け止めよう。

私はこう考え、中佐の思いやりに感謝した（その頃中佐は大佐に昇進していたが、私とM君は昔通り中佐と呼んでいた）。もちろん直ちに行動を起こす積りはなかった。しかし、ＰＣＭＯとはいずれ、きちんと整理しておく必要があった。さもなければ、鉄道の技術協力そのものが潰される恐れがあった。

中佐の勧める通り、あれから三晩以上経過したが気持ちは少しも変わらなかった。それどころか、途上国の鉄道を考える度に何かが私を駆り立てていた。

そこで秘書を通して、赤リボン女史と会うためのアポイントメントを取った。約束の時間に部屋を訪れると彼女は書類に目を通していた。日焼けした顔を上げ私を確認すると、彼女は老眼鏡をは

ずしながら、強い口調で言い放った。

「私をインサルトすると承知しないよ！」

インサルトとは「侮辱する」と言う意味である。

私は問題を解決するため、穏やかな、平和的な話し合いをしに来たつもりであった。それは中佐の箴言によっても再確認されていたことである。ところが出し抜けの恫喝だ。

力で抑え込もうとする女史の先制パンチは彼女の意図とは裏腹に私の心に火を点けた。心の奥底に抑え込んでいた憤怒が一陣の風を受けて燃え上がったのだ。

気まぐれな印刷拒否が、どれだけ国連活動を混乱させ、途上国支援活動を踏み潰したか、この人は全く分かっていないのだ。

「途上国をインサルトしたのは貴女の方ではないか」

私は彼女と同じ調子で打ち返した。その後は、私が何を言っても女史の早口が遮る。私のフォルテ、彼女のアリア、まるでオペラの二重唱が部屋に満ちてこだまするばかりだ。女史は全く聞く耳を持たなかった。これでは話し合いなどできっこない。

「阿呆！」

私はたまりかねて怒鳴った。これまで受けた屈辱的ないびりとバッシング、その反動を運動量にして叫んだ。ただし、東京弁の「馬鹿者」でなく関西弁の「阿呆」を選んだのは衝撃を和らげた積りだった。一瞬すべてが止まった。静寂が流れた。遠くで、単調なタイプの音が聞こえていた。

私は女史の顔から目を離すとゆっくりと部屋を出た。

——女史が聞く耳を持たないならメモを書くしかないか。

こう考えた。愚行が罷り通って国連の本質が沈んでいく。国連ですら、正義を貫くことは困難を伴うのだ。神の与え給う試練はどこでも厳しい。「艱難汝を玉にす、か」。私は自分の決まり文句を呟いた。

## 2 事務局長への抗議メモ

クリスマス休暇をとって妻とプーケットにでかけた。有給休暇《アニュアル・リーヴ》が五〇日以上も溜まっていて、その内溢れますよ、と秘書が揶揄《からか》うものだから、十一月に何となくホテルを予約したのだった。

国連の有給休暇は一年に三〇日あった。ところがこれとは別にシック・リーヴという制度があって病気のときはこちらを使う。有給休暇はあくまで心身の休息のために使えというから日本人は戸惑う。例えば、休暇を一〇日消化すると二週間休める。しかし、平均的日本人は、二週間も休むと帰ってきたとき自分の机がなくなっているのではないか、と不安にかられる。そこで、日本にいるときと同じペースで仕事をする。すると、二ヶ月に五日の割合で確実に休暇は蓄積されていく。国連の有給休暇は最高二年分の六〇日まで溜められるが、後はオーバーフローするという。そうなると、慣れない日本人には休暇の消化が負担にさえ感じられる。今回、私はクリスマス休暇を五日とったが、有給休暇の消化は二日間だけで、あとは祝日（二十五日は祭日扱い）と土、日だった。日本人に有給休暇の消化はなかなか難しい。

パステルカラーの海を泳ぐ。泳ぎ疲れるとビーチパラソルの下で本を読んだり、まどろんだりする。陽射しの強さと砂浜の白さのせいか、空と海がとても濃く見える。ここでは、光と陰のコントラストだけで風景が構成されている。

滞在中一日かけて、ピーピーアイランドまで足を延ばした。M君が是非にと薦めてくれたのだが、その価値は十分にあった。特に海の色に感動したのだ。白浜に寄せては返す穏やかな波。そのほんの少し沖に目をやると瑠璃色の海が広がっている。まるで世界中のオオムラサキとコムラサキの燐粉を溶かし込んだような神秘的な瑠璃色である。海面が燐光を放っているように見えるのは海底の白い珊瑚の砂が陽光を反射しているせいだ。カリブの海やニューカレドニアの珊瑚礁も忘れがたいが、こんな神秘的な海の色はなかった。

シュノーケルを付けて海に入ってみた。水に潜ると瑠璃色が消えて、あたりは限りなく透明である。まるで宙を舞っているようで、海底に墜落しそうな不安が明滅する。光が網の目になって熱帯魚の群れを追いかけている。

日が落ちると海辺の見えるホテルのバーでカクテルを楽しむ。アンダマン海の残照にはダイキリやマイタイなどラムベースが似合いそうだ。それからホテルの庭に出て、晩餐はシーフードのバーベキューと決める。プーケットロブスターやロックロブスター、熱帯の色鮮やかな魚が炭火の上でいい匂いを放っている。腹が満たされると夜の浜辺に出る。波の音を聞きながら腹ごなしの散歩である。満天の星空、足元で軋る砂の感触、海から吹きつける潮の香り、天にも地にも、いたる所に忘れかけていた自然があった。こうしていると、つい先日までの醜い諍いが遠い昔のことのようにさえ思えた。

とは言うものの、一連の出来事を忘れたわけではなかった。それは心のどこかである種の危機感となって燻り続けていた。

ＥＳＣＡＰのほとんどの実施部はそれとは別組織の、世界を網羅する国際機関があり、それぞれ機能を分担していた。例えば、農業にはＦＡＯ（国連食糧農業機関）、工業にはＵＮＩＤＯ（国連工業開発機関）という国際機関がある。また、貿易にＵＮＣＴＡＤ（国連貿易開発会議）、環境にＵＮＥＰ（国連環境計画）といった具合で必要ならばＥＳＣＡＰの活動を代替できた。

運輸部門でも海運にはＩＭＯや航空にはＩＣＡＯがあることは前に触れたとおりである。何もないのは道路や鉄道を束ねる「陸上交通」くらいである。つまり、陸上交通に関する限り、ＥＳＣＡＰしか頼る国際機関がないのだ。

プーケットから帰ると直ぐ部長代行《オフィサー・イン・チャージ》に任命された。Ｆ部長が一月十二日まで帰省休暇を取ったからである。部長は運輸通信委員会が終わった後、赤リボン女史に対し何のアクションも取らずに帰省してしまった。私が催促すると、キブリア事務局長の信頼篤い女史と争っても勝ち目はない、負け戦と分かっていて争うのは愚かなことだ、と言って私の肩を叩いた。彼は気の優しい人なのだ。

このままだと、アジア鉄道会議の度に「本質的でない」活動と決め付けられ、種々の困難が続くだろう。色々思案してみたが、「文句があるならメモを寄越しなさい」という女史の口癖にいつも辿り着くのだった。それに、ドアを閉め切って熱心に抗議メモを書いていたベンダさんのことも頭に浮かんだ。やはりキブリア事務局長に抗議のメモを書くべきなのだ。F部長には申し訳ないが行動を起こそう。そうしないとアジアの鉄道は野たれ死んでしまう。

『ビジネスマンの父より息子への30通の手紙』（キングスレイ・ウォード著・城山三郎訳・新潮文庫）の中に以下のような文章があった。

「挑戦を受けたときにとる態度は人によって違う。人生を恐れるあまり、牧場の雌牛ほどの業績しかあげない人もいる。挑戦を生き甲斐にして、つねに新しい戦いを求めている人もいる。この両極端の間に、「常識」と呼ばれる基準があって、これが無意味な挑戦と意味のある挑戦とを分けている。まもなく君は挑戦が人生の一部であることを知り、巧みに対処するようになるだろう。たいていは勝ち、ときには負けるだろうが、いずれにせよ、試みることによって、それだけ成長できることを知るだろう」

そうだ。これは意味のある挑戦なのだ。メモを書いて困難に挑戦すべきなのだ。

この年の国連機関の仕事始めは日本と同じように一月四日だった。いつもは二日から始まるのに二日と三日が土、日と重なったからである。そのため日本の正月のように、元旦から三日間、毎日、親しいお宅へ新年会のお呼ばれとなった。ブーゲンビリアの咲きこぼれる街に繰り出し、ポロシャツ姿で「明けましておめでとう」である。

メモは部長代行の間に提出せねばならなかった。そこで仕事始めと同時に、自宅にワープロを持ち帰り打ち始めた。英語圏への留学経験がなく受験英語プラスアルファ程度のレベルでは名文が書けるはずもないが、看過し難い事実と途上国を思う熱意が伝わればよいと割り切ることにした。完成したメモは全部で七ページになっていた。

メモの標題は「Poor management of meeting organization in ESCAP」とした。そして月曜日（一月十一日）にキブリア事務局長宛て直接送付した。タイムリミットに一日余裕を見たのである。メモには c.c. をつけて、赤リボン女史など関係者にも送付した。女史に送ったのは、自分は正々堂々と抗議している、反論あればそちらも正々堂々と意見を述べられよ、私は受けて立つ、という意思表示であった。

メモ（部分）は巻末に掲載したが、(註5) 内容はこれまで記述してきたことを要約したにすぎない。

メモを送った後、私は静かにキブリア事務局長の反応を待った。生きのいい烏賊を釣り針につけて流し、魚信《あたり》を待つ、バンサレーの釣り師のような心境であった。

魚信はその次の週にあった。キャフェテリアで昼食をとっていると、事務局長室にいる秘書がやってきて、例のメモが話題になっていると言った。彼らによれば、キブリア事務局長は私のメモを一字一句読んだそうである。読むと、直ぐに赤リボン女史を呼びつけた。そして、女史と向かい合って、一区切りごとに内容を確認していたという。

「時々、事務局長の大きな声が隣の部屋まで聞こえてきましたよ」

私は隣で聞いていたM君と顔を見合わせてニヤリとした。これでESCAPの不条理が少しは改善されるかもしれない。キブリア事務局長の具体的行動を期待して、急に心が明るくなった。

F部長に呼ばれたのは、彼がネパールに出張する直前であった。部長はインドネシアから帰任後直ぐ私のメモを読んだ。読んだ後、困惑し、非常に複雑な気持ちに陥ったようだった。正義を通すことと平和を愛することは時として相容れない。それに、メモの背後にF部長がいると誤解されることは、部長が仕事をする上で障害になるからだ。事実、赤リボン女史は既に部長に圧力をかけ始めているらしかった。ゆっくりと言葉を選びながら話す雰囲気の中に、彼の苦汁に満ちた心の内が読み取れた。

「たとえ、部長代行が提出したメモでも最終責任は部長である私にある。これだけは忘れないでほしい。私は二月一日には帰ってくるが、それまで過激な行動はつつしむように」

F氏はこう言い残し、カトマンズの航空貨物セミナーに旅立っていった。

## 3 真っ赤なコンフィデンシャル

国連ビルの正面玄関前にデイゴの木が一本、見事に枝を広げていた。枝には大きな真紅の花が羽を休める熱帯の鳥の群れのように咲き乱れている。ついこの間まで清々しい木陰を作っていたデイゴの樹冠は、今ではすっかり葉を落として、凄艶に姿を変えていた。

勤務を終えて帰途につくとき、何時もこの玄関まで下りて来る。それから左手奥の駐車棟に向かって手を上げる。運転手がそれを見つけてやはり手を上げて応える。それから車を待つ間、ぼんやりデイゴの木を眺めているのが日課になっていた。

普段のデイゴは豊かな萌黄色の葉叢に覆われていて、疲れた目に優しかった。デイゴの葉は一枚一枚、蠟纈《ろうけつ》染めのように淡く葉脈を浮かせている。その装いは粋でお洒落で、見る人の目を何時も楽しませていた。

しかし、二月のデイゴは一変する。開花時期が近づくと、木は豊かな萌黄色をすっかり落として裸になった。それから、まるで蛹《さなぎ》が蝶に羽化するように、大きく鮮やかな真紅の花を咲かせた。花の色が疲労した眼の奥をひりひりと焼いている。

――スタンプの赤もこんな血の色だろうか。

私はふと、こう考えた。赤リボン女史からキブリア事務局長宛てに、真っ赤な「CONFIDENTIAL

（マル秘）」のスタンプを押したメモが届いている、と事務局秘書室の友人が知らせてくれていたからである。内容は私のメモに対する反論らしい。しかし、マル秘文書なので一月二十二日の日付以外、詳細は不明だという。私は自分のメモにc.c.を付け、関係者にも私見を公開した。それなのに、その反論が「マル秘」だとは実に卑怯だ。アンフェアだ。人に知られると困るような記述があるに違いなかった。

私が局長宛てにメモを提出して以来、穏やかな日が続いていた。事務局長が女史を呼びつけて私のメモを検討したこと、例の八〇ドルの印刷費が密かにRB（通常予算）から支出されたと分かり、それなら最初からそうすればよかったのに、と関係者が冷笑したこと以外、特筆すべきことは何もなかった。穏やかで平和な毎日である。

そう言えば、あの質《たち》の悪い独り言もいつの間にか消えていた。泡《あぶく》のような〝参ったサン に成田サン〃が漏れなくなっていたのだ。やはりあれは精神的苦痛の副産物だったらしい。

F部長は相変わらず出張に出かけて不在がちであった。三月はアフリカの運輸大臣会議、四月は母国インドネシアで開催されたESCAP総会、四月末にやっとオフィスに顔を出したと思ったら五月四日からオランダ経由でニューヨーク国連本部に出かけてしまった。

部長は出かける前に必ず私を呼んだ。そして私を部長代行に命じた後、

「決して無謀なことをしないように」

と釘を刺した。それから、

「たとえ部長代行が提出したとしても、そのメモの最終責任は部長である私にある。このことを忘れないでほしい」

と同じ言葉で私を牽制した。もっとも、女史がマル秘メモで何を主張したか知りようのない私には「無謀なこと」をする動機がなかった。

ところが、予想もしないことが突然起こったのである。永遠に見ることができないと思っていた女史のマル秘メモが私のところに送られてきたのだ。私が部長代行であるときを選んだとしか思えない五月六日のことだった。

部長代行は毎朝、まず郵便物や連絡文書の束に目を通す。真紅の「CONFIDENTIAL」が毒々しい赤リボン女史のメモは、その書類の中に、さり気なく差し込まれていた。

「次長へ。中身を検討し意見を聞かせてほしい（Kindly examine & advise）」

と、表紙に事務局長の走り書きまで付いているから、N次長が局長と合意して私に回覧したらしい。それにしても三ヶ月以上経った今になって、一体どんな意図で私に送って寄こしたのだろう。私の関心はむしろそちらにあった。

マル秘メモは「Management of meeting organization in ESCAP」と題していた。私のメモの表題とそっくりだがPoorが抜けている。そして、予想したことではあるが、メモは自分のこれまでの行動を正当化するための嘘の弁明で埋められていた。

メモを読み始めるとたちまち、私は炎のような怒りに満たされた。恐らく、私は山門に立つ金剛力士像のように眉間に皺を寄せ、眼を大きく見開いてメモを読んでいたことだろう。しかし、読み進むうちに怒りの炎は勢いを失い、次第に立ち昇る煙と化していった。読み終わったとき、私は秋の夕暮れの中に佇んでいた。そんな寂しく物悲しい気持に襲われていたのである。

――こんな低次元の弁明で自分の行動を正当化するなんて。一体、途上国を巻き込んだあの騒ぎは何だったのだ。単なるヒステリーか、それとも自分の地位を脅かす後輩を追い落とそうとする邪《よこしま》な衝動だったのか。それではまるで「蜘蛛の糸」のカンダタではないか。

ナポレオンのいた、あの頃の人間関係が懐かしく思い出された。私の中に、肘を張った鉄の女、男共に号令する女史はもう存在しなかった。異国の組織に身をおき、もがきながら必死に生きる一人の人間の姿を見ていた。

メモには、資料の印刷について、「印刷の予算執行は総務部の権限であって、自分のところではない」と責任を回避していた。

予算がないからと印刷を認めず、中身を削れと迫り、書類は自分のところに二ヶ月近く留め置いたまま、最後まで総務に回覧しなかった。止むを得ず、我々が女史の所に出向き、亡骸《なきがら》を引き取ったというのに、見え透いた嘘を述べて逃げていた。

八〇ドルの報告書印刷費について、我が部のブリンナー氏が別の予算を流用すると約束した、と彼の責任にしていた。

「私が約束したって？　冗談じゃない。もしそうなら緊急部内会議を開催して対策を協議する必要なんかなかったではないか」

メモを見たブリンナー氏はこういって不快感を露わにした。

また、アジア鉄道協力グループを「substantive（本質的）」でない活動と言ったことはないとか、運輸通信委員会は順調に行なわれたといった嘘もすらすらと書かれていた。これではマル秘にせざるを得ないだろう。白日の下にさらせば、責任問題に発展するからだ。

女史のマル秘メモをどう扱うべきか、私は悩んだ。稚拙な嘘で固めたマル秘メモを公にし、女史の首を取ったところで空しいだけだ。とは言うものの、マル秘メモを敢えて送ってくれたキブリア事務局長やN次長の好意にも配慮せねばならなかった。彼らはもしかすると、女史の傍若無人にお灸をすえろ、と言っているのかも知れない。それに、穏健で誠実なF部長の意見も大切にしなければならない。いろいろ考えた挙句、メモではなく、日本語の私的抗議文を書いて女史に送付することにした。

私的抗議文には、キブリア局長及びN次長がわざわざ女史のマル秘メモを送って寄こしたこと、我が部の関係者は女史の弁解メモを読み一様に呆れたこと、更に、もしお望みなら公開で論争してもよい旨をしたためて送付した。

——女史が書いた「事務局長宛マル秘メモ」が私の手元にあることを知って彼女は仰天しているだろう。これで女史のパワハラ的鉄道バッシングが改まれば良しとしよう。

五月十六日、部長がニューヨークから帰国した。私はタイミングを計って部長室に出かけた。部長不在時の報告が目的である。キブリア事務局長が送って寄こした女史のマル秘メモについて報告していると電話がけたたましく鳴った。受話器から漏れる声で女史からの電話だと知れた。部長室の電話は前任の部長時代からボリュームを大きく調整したままであった。目の前に座っていると話の中身が手に取るように聞こえる。しかも日本人の話す英語は私にはとても分かりやすい。

女史には私の私文書の効きめが明らかにあった。私が再び行動を起こさないよう、電話は部長に働きかけていた。電話は最初、要請するように丁寧であったが、次第に恫喝的になっていた。女史の事態打開に焦る表情が目に見えるようである。温厚な部長は丁寧に応対していた。

受話器を置くと、部長は窓の外に目をやった。私は、今の女史の話が全部聞こえたと言った。

「戦争をすると、被害は途上国にも及ぶ。強い相手だと被害もその分甚大だ。女史の存在は今やキブリア事務局長も一目置くほどだからね」

部長はいつものコメントを呟いたが私は無視して別のことを述べた。

「事務局長は女史のメモをN次長に見せコメントしろと命じた。その後二人は、女史がわざわざマル秘にしたにも拘らず私に送って寄こした。それは何故か。彼らは、私が嘘で固めたメモを見て激怒することを期待しているのではないか。激怒した私が女史の欺瞞に満ちた言動を白日の下に晒して黒白をつけようとする。そうすれば彼女の人望は失墜する。その結果、女史の傍若無人は収まり、ESCAPに昔の秩序が回復する。それは途上国にとって歓迎すべきことだ。こんなシナリオを期待していたのではないか」

「おいおい。冗談でもそんなことを言うものではない」

部長は慌てて私を封じた。

「分かりました。もちろん冗談です。私は二人の期待に応えるため何か行動を起こそうと考えていましたが、部長が乗り気でないならこれ以上動くのは止めましょう。女史を恐れて引き下がる積りはないが、途上国のことを思ってこの辺で幕を引きましょう」

部長は私が予想外に素直なので、意外だったようだ。もっとも彼は、私が私文書で女史に一発お見舞いし、既に溜飲を下げていることを知らないのだ。

部屋に戻るとM君がやって来て、例によって木の椅子に腰掛けた。私が、部長にかかった女史の電話について話すと、彼はこう言って笑った。

「事務局長は、権限を逸脱し始めた女史を牽制するために課長をマングースに仕立てようとしたのではないでしょうか。コブラを野放図にすると怖いですからね」

彼も私と同じようなことを考えていた。

# 第10章

# 金持ちになった鉄道チーム

## 1 事故がプロジェクトへ駆りたてる

悲惨な鉄道事故を知らされるのは誠に辛いものだ。途上国の、時代遅れの技術やシステムが原因で人命が失われたと知ったときは特にそうだった。身内が何か悪いことをしたときのような責任感を感じてやり場のない気持ちに陥るのだが、これが結構頻繁に起こるから堪らない。

一九八六年十一月八日、バンコクで起こった鉄道事故は恐怖映画そのものだった。バンコクから八キロほど北方にあるバンスー機関区の側線にディーゼル機関車が六両、連結されたまま留置されていた。ところが、この六両の機関車群が突然、風もないのに、いや誰も乗っていないのに、ひとりでに動き始めたのである。ディーゼル・エレクトリックと呼ばれるこの機関車はディーゼル発電機を内蔵し、発電した電力を使って電動機を動かすというダイナミックな鉄の塊で、重量はいずれも五〇トン以上、重いものは一〇〇トン近くあった。

機関車群が、忍び寄るようにゆっくりと、最初の分岐器にさしかかったとき、分岐器はたまたま進路を本線方向に構成していた。そこで彼らはたやすく最初の関門を潜り抜けた。機関車がスピードを増して、人の歩く速さになったとき、次の分岐器にさしかかったが、これも偶然青信号で、無人の機関車群はまるで計画されていたかのように先に進むことができたのである。こうして衝突もせず、脱線することもなく、次々と分岐器を通過して本線に入ったとき、六両の重厚な機関車の一団は、意思を持ち、反乱を企てたロボットと化して進撃し始めた。目指す先にはホアランポン終着駅があった。北の都チェンマイやラオスとの国境都市ノンカイ、またマレーシアに向かう国際列車など、ほとんどの長距離列車が着発するタイ国鉄最大の拠点駅である。フランクフルト駅によく似たドーム型の瀟洒な駅舎はバンコクのシンボルとして、都市部の景観に柔らかく溶け込んで人々に親しまれていた。

無人の機関車群が本線に突入したのを最初に発見したのは信号係りである。彼は構内作業のダイヤにない列車が、機関車六両だけという奇妙な編成で本線に進入したのを発見して異常を感じた。信号係は直ちに列車指令担当に電話連絡し、ただならぬ事態を認識したとき、顔が青褪め、喉が渇き、受話器を持つ手がガタガタと震えた。

バンスー機関区とホアランポン終着駅の間には大きな踏切がいくつか存在したが、これらの踏切警手も一様に動転し電話器に飛び付いた。その頃、反乱機関車群の速度は時速四〇キロに達していたと思われた。

ホアランポン終着駅の雑踏の中に、突如、ラウドスピーカーのけたたましい声が流れた。利用者は一瞬会話を中断し、物売りは作業の手を止めて耳を傾けたが、最初、何を怒鳴っているのか分からなかったという。スピーカーの性能もさることながら、動転した駅員の早口の怒声は、単なる雑音としか受けとられなかった。ただ、緊急事態を伝えようとしているらしい緊迫感だけはひしひしと感じられたという。

そのうち、事態を察知した人々があちこちで「大変だ。逃げろ」と叫び出したので、平和で牧歌的な駅構内は一変した。阿鼻叫喚が駅の大ドームに谺《こだま》するパニックと化したのだ。

六両の機関車群が重厚なエンジン音を響かせ、駅構内の線路を蹂躙《じゅうりん》しつつ突進して来たとき、速度は概ね五〇キロだったと報告されている。

駅構内の線路終端部には車止めがあった。その車止めは相当の衝撃にも耐えられるよう、十分な安全係数を考慮して設計されていた。しかし六両の機関車群はこの車止めに大音響とともに体当た

バンコク、ホアランポン終着駅

同上。手前の列車はマレーシア、バターワース行き国際列車。ESCAP 企画＜シンガポール鉄道の旅＞のため、展望車を含む寝台車３両が増結されている

りを食らわせると、やすやすと突破して駅構内に乗り上げた。まるで狂った鯨の群れが砂浜に乗り上げるように横倒しになりながら突進し、改札口や柵を突き破り、売店や切符売り場をなぎ飛ばしてやがて動かなくなった。濛々たる粉塵の中に死した機関車が横たわり、約一〇分間の恐怖劇は終了した。旅客など四名が死亡、負傷者多数と伝えられたが、この程度ですんで、むしろ、不幸中の幸いだったと言うべきであろう。

以上は、新聞報道やタイ国鉄友人などの情報を基にした事故概況である。

暴走機関車のニュースが飛び込んできたとき、ESCAP鉄道チームは事態を深刻に受け止めた。それから調査中だという事故原因を手持ちの情報から類推し、課の仲間と議論し始めた。何故無人のディーゼル機関車群が動き出したのか。ブレーキや手歯止めはどうだったのか。それから、計画にない「列車」が易々と本線に進入できたという信号システムの信頼性を問題にした。

ESCAP途上国の信号システムは何処も近代化から取り残されていた。が、近代化の遅れは信号だけではなかった。通信も車両も軌道などのインフラ設備も、そしてそれらの保守方式も、すべてにわたって言えることだ。その中でいかに事故を撲滅するか、限られた資金を使って何処からどう改善していくかという、プライオリティにも問題があった。

「我々にもなすべきことが沢山ある。ESCAPは鉄道事故撲滅のために効果的なプロジェクトをもっと実行すべきなのだ」

議論がどんなに紆余曲折しても、結論はいつもここに行き着いた。そして、我々鉄道チームは小人数だが分担すれば幾つかの分野をカバーできると考えた。

M君は信号システムからこの問題に取り組みたい、実はいいアイディアがあると提案した。私は人的資源の育成から鉄道事故の撲滅に迫ってみたいと考えていた。一方、コンテナ・プロジェクトが一段落していたバーン博士は更に別の角度から事故防止を考えた。「車輪とレールの磨耗と脱線(Rail/Wheel Wear and Derailment)」の因果関係を啓蒙して脱線事故を防止したいと言うのだ。

「なにしろ、アジアの鉄道は磨り減った靴で凸凹道を走っているようなものだ。車輪の円錐踏面が磨耗して円筒形になると曲線に追随できず脱線するのは誰でも知っている事実だからね」

博士によれば、必要経費は既に西ドイツGTZの内諾済みだという。彼らしい要領の良さで、我々の了解を取ると早速行動を開始した。

一方、M君と私のプロジェクトにはドナー(資金提供国または団体)が必要だった。ドナーに公式に接触するためには、無論正規のルートを通過しなければならない。つまり、ESCAPの仕事上の障害をどう乗り切るか、から考えなければならなかった。議論はいつもこの致命的な困難に突き当たるのだ。

ESCAPでプロジェクトを能率良く進めるためには、書類がPCMOを通過しないこと。こう思い始めたのは八六年秋頃からだ。鉄道政府間会合のためのレポートを始め、印刷物がことごとくPCMOで難破しだしたからだった。

それならRB(通常予算)を避け、活動の力点をXB(特別予算)に置けばよい。魅力的なプロジェクトを作って、ドナーを探すしかないのだ。ところが、ＲＢに赤リボン女史という「前門の虎」が君臨しているように、ＸＢにはベンダさんという「後門の狼」が立ちはだかっていた。

彼はプロジェクト審査委員会のメンバーで、この委員会を通過しないことにはプロジェクト提案書《プロポーザル》は外に出ていかない。これは前にも触れたとおりである。虎と狼、どちらも一戦交えたくない厄介な相手であった。鉄道事故が神出鬼没で背中を押しているというのに、国連の虎と狼に阻止されて前に進めないなんて、何とも情けない話であった。

困難を覚悟していると、あるとき朗報が届いた。後門の狼は、事務局長からの警告と日本の都市交通セミナーを突破されたことで、すっかり闘争心を失っており、今では提案書が正常に流れている、というのである。

それならなおのことＸＢだ。二人は手を叩いて喜んだ。そこで二人は、まず日本からの支援を確実に確保すること、次に魅力的な提案書を作成しＵＮＤＰ（国連開発計画）など、日本以外のドナーも探すこと、という方針を再確認し活動を活性化させたのだった。

その間も鉄道事故はアジアの各地で、さみだれ的に発生していた。そして遂に、多数の日本人を巻き込んだ最悪の鉄道事故が中国で発生したのである。

八八年年三月、高知学芸高校の学生が中国を修学旅行中、乗車した夜行列車が上海駅付近で反対列車と正面衝突し、列車は無残に押し潰され、脱線して転覆した。修学旅行生と引率教員、あわせて二七名が犠牲になった。事故を報じた日本の新聞は、多発する中国の鉄道事故を以下のように伝えている。

「中国の鉄道では最近事故が相次いでいた。今年（八八年）一月七日、湖南省で急行列車が火災を起こし、死者三四名を出したのをはじめ、同十七日には黒竜江省で旅客列車が貨物列車と正面衝突、一八人が死亡。また二十四日には雲南省で特急列車が脱線転覆、死者九〇人を出している」（「日本経済新聞」三月二十六日）

悲惨な鉄道事故のニュースを知らされると、二人は被告席にいるような暗い気分になった。同時に、ニュースは二人をプロジェクト提案書作りに駆り立てた。

幸い、一九八七年初旬から積極的に開始したプロジェクト推進活動は牛歩とはいえ前に進んでいた。例えばF部長からの情報を基にUNDPに資金要請したM君と私のプロジェクトが現実味を帯びて動き始めていたのだ。高校生が多数犠牲になった上海の悲報を耳にしたとき、自分たちの目指した方向が正しかったと二人は頷きあったものだ。彼らの死を決して無駄にしてはならない。UNDPプロジェクトの一つはM君が温めていた「信号プロジェクト」である。彼は信号システムに起因する事故が起こる度に、

「“Cost Effective Signaling System”というプロジェクトがある。これは太陽電池を使うので途上国でも安く設置可能です。まずタイ国鉄のどこかの線でデモンストレーションをやりましょう。それ

から関係国を集めてセミナーを開催して啓蒙しましょう」

と目を輝かせていた。勿論、彼が全責任を持って担当していた。

もう一つは、途上国鉄道の電化やコンピュータ導入を推進するための「技術移転プロジェクト」である。こちらの提案書は私がソビエトの中佐の協力を得ながら担当することになった。

速効性の信号プロジェクトと長期展望の技術移転プロジェクト。M君と私はお互い、UNDPからの資金獲得を目指して協力しあいながら競争した。プロジェクト提案書の草案ができると互いに交換した。二人はそれを読み、批評しあってドラフトを改良し、UNDP本部から質問やコメントが届くとチームを組んで対応した。二人はお互い、プロジェクトという駕籠を担ぐ相棒だった。

UNDPの担当官が、プロジェクトの内容審査にやって来たのは、赤リボン女史のマル秘メモがキブリア事務局長の手元に届いていた八八年初めの不愉快な頃のことである。

知らせを聞いたとき、M君と私は小躍りして喜んだ。内容審査に来るということは「当選前提」だと聞かされていたからである。地獄で仏。闇夜の提灯。朗報は梢を渡る風のごとく爽やかに私たちの中を吹き抜けた。

それから間もなく確報が届いた。最初に当選通知を受けたのは五六万ドルの「信号プロジェクト」であった。八八年三月九日のことだ。続いて四月二十七日、八〇万ドルのプロジェクト資金とともに「技術移転プロジェクト」の当選通知が届いた。鉄道チームは突然、一〇〇万ドルの長者、豊かなプロジェクト推進母体に変身を遂げたのである。国際電話をかける資金すらなかった時代が嘘のようだ。

タイ国鉄の前副総裁、プラチュウム氏を信号プロジェクトの上席担当官に雇おうと言い出したのはM君である。Cost effective な信号システム、即ち「太陽電池を利用した無線列車閉塞システム」をどこかタイ国鉄の営業線に仮設する。それから途上国の技術者を招いてセミナーを開催し、この技術を実演して見せて啓蒙する。これがプロジェクトの骨子だから、どうしてもタイ国鉄に顔の利くボスが必要だった。それならプラチュウム氏しかいない。その頃、彼は副総裁を退職し、暇つぶし程度の仕事しかしていなかった。M君がそこに目をつけたのだ。

約束の日、プラチュウム氏はカーキ色のサファリ姿という得意の格好で現れた。耐震構造のようなずんぐりとした体軀、咀嚼力の強そうな顎の張った顔の持ち主は、静かに我々の説明を聞いていた。それから、「分かりました。二、三日以内に返事します」と答えた。しかし、二、三日待つ必要はなさそうである。氏の笑顔と弾んだ声がプロジェクト参入OKを発信している。これで氏の参入は確定的だ。我がチームは強力な助っ人を一人手に入れることになった。

タイ国鉄のプラチュウム氏は当時、日本は言うに及ばずアジア中の鉄道関係者によく知られていた。それは氏の優秀な技術力もさることながら名エンターテイナーとしての名声からだ。例えば鉄道関係の国際会議が開催されて打ち上げの屋外パーティが開かれたりする。すると決まって彼が司会役にかりだされた。マイクを持つと彼は巧みな司会で観客を笑わせながら、会場を国別対抗歌合戦へと導いた。彼のリーダーシップはプロジェクト推進の場合も同様に定評があった。プロジェクトのＰＲのためにも良き助っ人を得たものだ。

氏がその次に現れたのは四月二十日のことだ。この日は正式契約の日であったが、試験線区を二案携えてやってきたところがいかにも彼らしかった。さすがは仕事師、契約もそこそこに作業が始まったのである。彼が提案した案の一つはバンコクからチャチェンサオを経由してカンボジア国境の町アランヤプラテートに至る東線で、もう一つはチャオプラヤ川右岸にあるメクロン線という短い通勤線区であった。早速、Ｍ君と三人で現地を見に行くことに決めたが、久しぶりに、プロジェクトの進む速さにリズムを感じて嬉しくなった。

一方、日本政府に資金提供をお願いしていたプロジェクトも順調に歩を進めていた。これは大げさに言うと、鉄道インフラからの緊急要請に応える「１１９番救急医療」とインフラの日常管理を指導する「健康管理センター」を兼ねたプロジェクトであった。

ＥＳＣＡＰ域内の鉄道の多くは、昔、植民地時代に旧宗主国が建設したものである。その後、国が独立し、資金力と技術力の支えを失い、適正に保守されないまま今日に至っていた。スリランカ国鉄からは錬鉄製鉄橋の耐力不足対策、山岳国からはトンネル変状対策、インドネシアやフィリピン、パキスタンから構造物の検査方法といった相談を受ける度に考えた。この際、「ＥＳＣＡＰ域内鉄道のための土木構造物検査保守基準」を纏めて作ってしまうべきだ、と。

幸い、日本の国鉄が分割民営化される直前に、土木構造物保守近代化の一環として、検査保守基準を改定していた。これを活用したらどうだろう。そこで、まず、ＥＳＣＡＰは域内数ヶ国に調査団を派遣し、鉄道それぞれの問題点や地域的特異性を調査する。次に日本の基準を参考にしながら地域特性を反映させたＥＳＣＡＰ版の検査保守標準を作成する。それからセミナーを開催して関係者を啓蒙すれば、１１９番要請のかなりの部分は自分自身で対応可能となる。また、日頃から適正な健康管理を行なっていれば、ＥＳＣＡＰへの１１９番要請の数も激減するはずだ。こういう構想を描いて、早速プロジェクト提案書の形にしたのだった。

幸い、日本政府の理解が得られ、八八年に約一五万ドルの資金協力を得て活動を開始した。しかもこのプロジェクトは翌年のセミナー開催まで日本の資金協力が約束されていた。

## 2 バングラデシュとネパールの鉄道

日本とＵＮＤＰの支援で合計一五〇〇万ドルを超えるプロジェクトが活動し始めると、我々の毎日は更に活動的になった。まるで工場の機械群がどれもフル回転を始めたようだった。しかし、域内国の人々のために働いているという意識が生き甲斐になって、毎日が楽しく生き生きとしていたことも事実である。

実際、その頃の我々の業務量は既存の人的資源の限界を超えていた。以前からの継続プロジェクトも引き続き推進しなければならず、更なる人的補強を検討する必要があったのだ。

継続プロジェクトといえば、例えば鉄道統計である。先に述べたように《ESCAP諸国の鉄道統計》は八七年十二月、初版が出版された。しかし、出版されたデータを横断的に見比べてみると、時々突飛で他のデータとバランスの悪い数値や意味不明のデータに出くわすことがあった。これは明らかに定義の誤解や説明の消化不良からきていた。

統計というものは数年に一度、定期的に改訂し、出版する必要があるが、鉄道統計もその例外ではない。そのため、問題のある鉄道を直接訪問し、現場と統計手法を再確認しておく必要があった。そこでまず、新規プロジェクトにはプラチュウム氏のような部外コンサルタントを採用して当て、我々の負担を軽減した。次に経緯が複雑な鉄道統計には、M君と私ができるだけ直轄で当たることにした。相談の結果、バングラデシュ、ネパールとイランは私が担当し、残りはすべてM君が引き受けることになった。

そんなわけで一九八八年十一月、まずバングラデシュとネパールに出かけた。

私は外国を訪れると可能な限り鉄道に試乗することにしている。これは医師が聴診器を当てて患者の心音を聞くようなものだ。改札口を潜りぬけ駅構内を見渡す。列車に乗り客室の状況を観察する。それから転動音を聞きながら車窓から鉄道沿線を眺める。こうすると鉄道の実情がかなり把握できるのだ。その上、その鉄道を改良するためにはどんなプロジェクトから手を着けるべきかといった投資順位を決めるのにも大いに役に立つ。

バングラデシュではダッカ・チッタゴン間三四六キロを往復した。ただし、時間がないので、行きは夜行寝台車（インターシティ）を利用し、帰りは最終便でとんぼ返りという計画を立てた。慌ただしい計画だが、チッタゴンではコンテナ基地を視察しても、その日のうちにダッカに戻れる予定だった。

二二時一五分、列車は予定時刻にダッカを出発した。私は準備してくれた個室寝台に落ち着くと、旅の疲れかたちまち眠りに落ちた。翌朝、目を覚ますと車窓一杯に光が差し込んでいる。抜けるように透明な朝が始まっていた。ところが列車は停止したままだ。そういえば久しく列車の揺れや転動音を体感した記憶がなかった。通路に出てみると、窓の外に青空と平坦な農耕地が広がっている。そのうち、バングラデシュ国鉄の随行がやってきて、列車はダッカ駅を出て十数キロのところに停止したままだ、と申し訳なさそうに言う。東京から名古屋行きの夜行列車に乗って、朝起きたら列車はまだ横浜にいた、といった具合である。

前夜、ダッカ郊外のタンギ駅付近で上り貨物列車が脱線したそうである。その貨物列車に我々の一つ先を走っていた下りの旅客列車が接触し、機関車と客車の一部が脱線転覆した。乗客が機関車や客車の屋根に乗っているのは途上国では常識だが、そんな乗客が五人死亡した。こう報告してから随行は祈るように溜息をついた。それから、死亡した五人は全員切符を持っていた、こんなことはかつてなかった、と妙な感心の仕方をした。通常、列車の屋根上や機関車にぶら下がって乗っている乗客はほとんどが無賃乗車なのだそうだ。

いずれにしても看過できない列車事故である。それに、十数分の違いで我々の列車が巻き込まれていた可能性もあった。

バングラデシュは最貧国の一つである。終戦直後の日本もそうだったが、貧しい国では公の場から金目の品が盗まれる。そんなことは日常茶飯事だ。バングラデシュの鉄道現場では貨車と貨車を繋ぐブレーキホースがよく盗まれた。取り付けても、取り付けても盗まれるので、バングラデシュ国鉄は、遂に貨物列車の貫通ブレーキを諦めた。そして、貨物列車の速度を時速二五キロ以下に落として、機関車のブレーキだけで列車を制動することにしたのだ。しかし、こんな低速でも、制動をかける度に、後ろの貨車が前につんのめった。ムカデ競争の先頭走者が急に止まったときと同じ現象である。つんのめると軽い貨車は浮き上がる。浮き上がって脱線する事故はこうして頻発した。詰まるところ脱線の原因は貧困なのだ。

間もなく現場は復旧し、我々の列車は無残に脱線した貨物列車の横すれすれに通過した。通過時、目を閉じ犠牲者の冥福を祈ったが、心が曇った。

ダッカ－チッタゴン間の三分の一近くを走ったアカウラ駅付近でパンとバナナ、漢方薬のようにどろりとしたコーヒーがでた。朝食は当初チッタゴン到着後の予定であった。しかしいつ到着するか不明だというので随行者が気を利かしたらしい。思いやりに頭が下がった。

列車ダイヤは引き続き大混乱で、ほぼ中間点の要衝、ラクサム駅を一一時一五分出発、終点チッタゴンに到着したのは午後二時頃であった。東京－名古屋間とほぼ同じ距離を十六時間近くかけて走ったことになる。それから慌てて昼食をとり、街も鉄道現場も見学することなく、文字通りのと

バングラデシュの鉄道事故現場（すれちがった車窓から）

バングラデシュのスラム街

んぼ返りで帰途についた。ダッカ駅にはその日のうちに戻ったがホテルに入ったときは日が変わっていた。

チッタゴンでの唯一の収穫はバングラデシュ国鉄の高官、Z氏と再会したことである。彼とはその年の夏開かれたソビエトセミナーで知り合った。彼は高い役職の人とは思えないほど冗談好きで、実に楽しい人であった。バングラデシュは赤貧洗うが如しの最貧国だが、彼はその貧困と貧困からくる悲惨さを笑いで吹き飛ばしていた。

例えばこんなことがあった。ソビエトのオデッサ空港でアエロフロート便アントノフ機が滑走路を動き始めたときである。安全確認中の客室乗務員が点灯した警報を指差しながら「ベルトを締めてください」とZ氏に囁いた。見ると、“Fasten Your Belts”という警報が点灯している。するとZ氏はやおら立ち上がり、客室乗務員の方に向き直り、“Fasten my belt”と唱えながら、ゆっくりと自分のズボンのベルトを締め直した。辺りは爆笑に包まれた。若い客室乗務員が顔を赤くして恥じらうと爆笑の渦はさらに広がった。普通、この種の警報は、“Fasten Seat Belt”だが、このアエロフロートでは何故かこう表示されていた。

さて、私のバングラデシュ鉄道の旅は事前に予想していたことではあるが、波瀾に富んだ旅になった。同時に、この国の鉄道が抱える貧困と苦難を直視し、再確認する厳粛な旅でもあった。

翌日の十一月二十二日、ダッカから空路、カトマンズに入った。この辺りは今、爽やかな乾季である。コバルト色の空は澄み渡り、窓からの視界が地球の果てまで届くかと思うくらいだ。

ネパール上空に入ると、右の窓一杯に雪を被った世界の屋根、ヒマラヤ連峰が広がった。眼の高さに、屏風のように連なる景観は実に雄大だ。アイガー、メンヒなど四〇〇〇メートル級のアルプス山塊に初めて接したとき、言葉を失うほど感激したものが、何とこちらはその倍の八〇〇〇メートル級である。東京の都市交通セミナーで、富士山の高さを聞いて、それは我が国では高原《プラトー》だと茶化したネパール運輸公社総裁を思い出し、ひとりでに笑いが零れた。

ネパールに鉄道が存在することはあまり知られていない。しかし、インド側のジャイナガルから国境を越えてネパール側のジャナカプール、ビザルプラに至るネパール唯一の単線狭軌（七六二ミリ）鉄道はインド側を合わせても六〇キロに満たないが、鉄道マニアにとってたまらない存在なのだという。その第一の理由は郷愁を誘う蒸気機関車牽引にある。保有している機関車は一一両で、その製造元はドイツや英国など種々雑多である。機関車はどれをとっても博物館の陳列コーナーから出てきたような骨董品、ビンテージロコばかりであるが、手入れが良くすべてが現役である。このことが鉄道ファンをたまらなくさせているのだ。

列車は客車と貨車を繋いだ混合列車である。その列車には、客車は言うに及ばず貨車や機関車にも、また車両の屋根上やデッキの外など、人の入り込めるスペースやぶら下がれる空間はすべて、人人人で埋め尽くされている。車内に持ち込めなかった自転車や荷物が窓から外に吊り下げてあることも少なくない。そのため、車両は重みに耐えかねて、いびつに変形しているのではないかとさえ思える。この、人で満艦飾の列車は時速二五キロ以下の速度で、まるで芋虫のように喘ぎながらタライ平野を走っていく。この忍従の姿が、鉄道ファンをたまらなくさせるもう一つの理由である。私はインドの入国ビザを取得していなかったが、ネパール運輸公社の随行に誘導されてインド側ジャイナガルまで入った。

「国連パスはlaissez-passer《レッセパッセ》だから大丈夫ですよ」

こう言うとネパールの随行者は、不安を解きほぐすように笑顔を見せて、私を密入国へと誘《いざな》った。

この線区には出入国管理所も税関もなかった。インドとネパールの人々は自由に行き来が認められているという。ネパールに運ばれる物資はインド側のメーターゲージからネパール側の七六二ミリ狭軌へと、ここで積み替えられて国境を越える。

帰りは、終列車が出発した後なので保線作業用のトロッコ列車になった。ジャナカプールまで約三〇キロ、宵闇迫る国境の平野を、トロッコから振り落とされないよう必死に摑まりながら帰った。線路の凸凹をこれほど直接かつ残酷に臀部で受け止めたのは初めてであった。トロッコ列車は二両連結で牽引車両には小型発動機が搭載されていた。戦後間もない頃、日本の田んぼで揚水や脱穀に活躍していた、あの発動機と同種である。子供の頃が思い出されて懐かしかった。

トロッコ列車が駅に入るとカンテラを下げた駅員がやって来た。それからトロッコ運転士と二言三言言葉を交わし、夕闇にカンテラの灯を掲げて出発合図を送った。この辺りには、まだ、電気が通っていなかった。駅舎の軒下に吊るしたランプがゆらゆら揺れている。宵闇の山麓を背に民家の灯火が三々五々、蛍火のように灯って寒村の夕餉が始まっていた。

車輛の屋根やデッキの外まで乗客を満載したネパールの鉄道

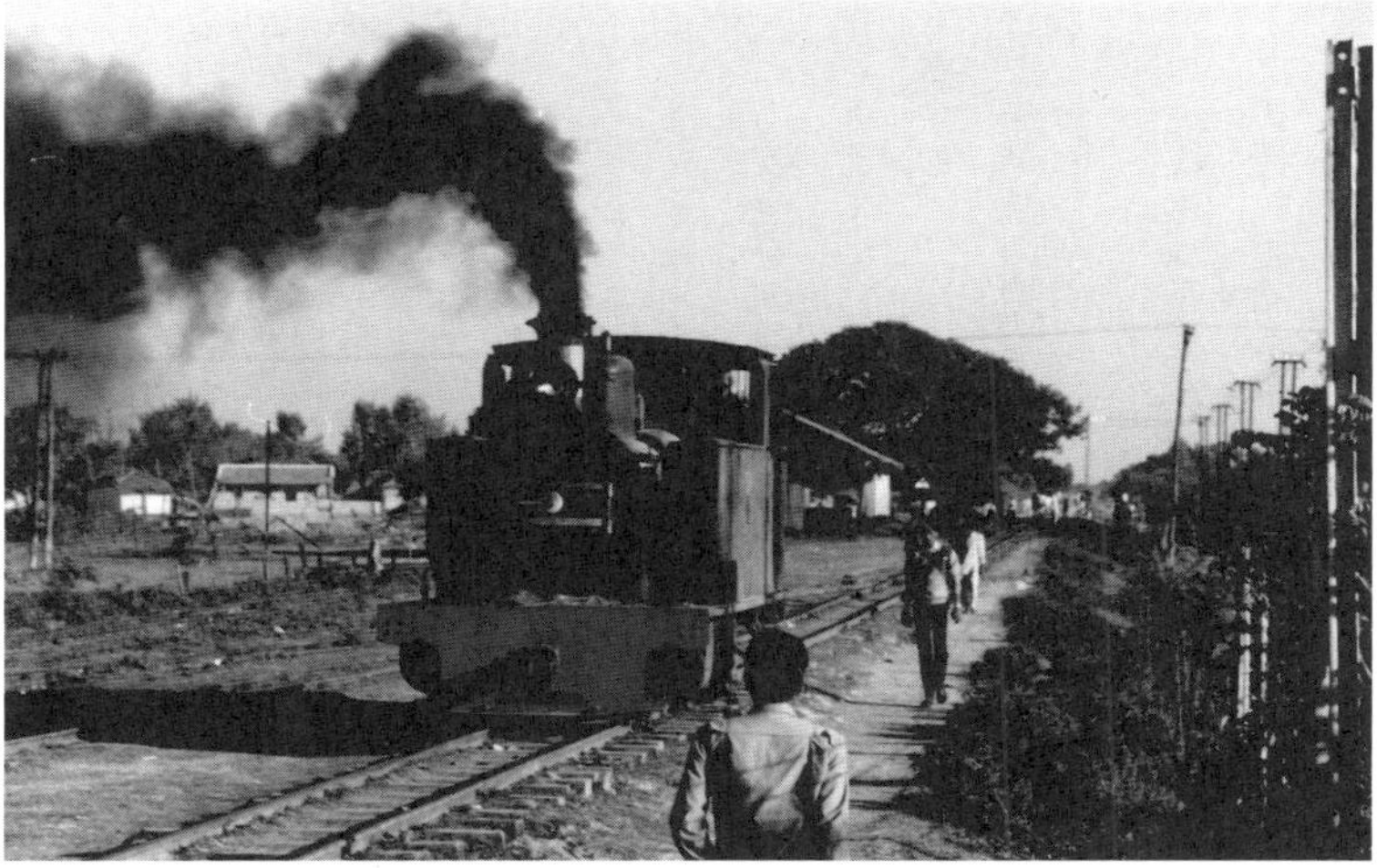

ネパール鉄道の蒸気機関車

星降る空の下、トロッコに揺れながら人間と自然と技術の進歩について考えた。

自分は今、電気のない、従ってテレビも冷蔵庫も洗濯機もない地にやって来て、「貧者の一灯」のように貧しいが真心こもる鉄道に乗っている。辺りは豊かな自然に囲まれている。日が昇れば囀《さえず》る小鳥、溢れる緑と紺碧の空、夜になれば透き通る空を埋め尽くす満天の星がある。

乗客には巡礼がいた。大きな荷を担いだかつぎ屋や買出し客も乗っていた。恐らく、冠婚葬祭で出向く人や病気治療の乗客もいただろう。屋根上や車外にぶら下がっている彼ら乗客が、日本の通勤電車や新幹線を体験したとしたら何を思うだろう。ネパールには今のままが丁度良いと言うだろうか、それとも改善を求めるだろうか。

そこで改良希望者に応えるとする。しかし、いきなり究極の姿というわけにはいかない。まず、今にも脱線しそうな軌道とその下の構造物に手を入れて安全を確保し、当座を凌ぐとしよう。それから輸送量に合わせてディーゼル化など車両近代化を考えていけば良い。その後、列車本数が増加すれば信号・通信の近代化、そして最後に電化を考慮する。

こう考えていくと、結局ネパールも、時間をかけて先進国の辿った道を、近代化目指して歩むことになるのではないか。

鉄道は環境に優しいからまだいい。しかし一分野の近代化は産業全体に波及し、相互作用を生むものだ。その結果、ネパールも他の先進国と同様、この掛け替えのない素晴らしい自然を失うことになるのだろうか。

ジャナカプールに着くとピックアップトラックに乗り換えて、今度はネパールの夜を西に走った。次の目的地は約二〇〇キロ先のビルガンジ、もう一つの流通拠点である。

ネパール南部にはインド国境を越えてタライ平野が食い込んでいる。アジアハイウェイ二号線はこの平野を東西に貫いて走る。道路の南側には農耕地や草原が果てしなく続き、地平線で夜空と接している。北側にはヒマラヤ山塊の南端が黒々と続いていた。道は平坦かつ直線的である。アジアハイウェイ二号線はソビエトの無償協力で建設されたそうだが、経年と手入れの悪さで舗装は穴だらけ、ひどい状態であった。悪路になれたネパール人運転手がそこをかまわずぶっ飛ばすものだから、車は揺れに揺れ、私は座席でひっきりなしに飛び跳ねた。

目的地のホテル・サムジャナに到着した時は二十二時を過ぎていた。夕食抜きなのに空腹感がまるでなかった。持参したミネラルウォーターで埃まみれの口をうがいし、夜は数口水を飲んだだけで済ませた。

私は何本ものミネラルウォーターを携帯していた。八五年のインドセミナーで吐瀉の苦い経験をして以来、口に入る水はうがいも歯を磨くときも、すべてミネラルウォーターと決めていた。この地ではミネラルウォーターに囲まれていないと、穏やかな気持になれないのだ。

「このまま、西に走ると、お釈迦様の生誕地ルンビニに到着しますよ」

とネパールの随行が教えてくれた。

私は仏教徒なのに仏事に参加すること以外、これまで仏教徒らしい振る舞いをしたことがなかった。しかし、一度はお釈迦様の生誕地を訪れるなど、敬虔な仏教徒らしい振る舞いをしてみたい。良心の呵責が私にそう思わせていた。

ビルガンジと国境を隔てて対峙するインド側のラクセルにはネパールへの拠点貨物駅があった。ネパール行きの貨物は、まず船でコルカタ（カルカッタ）に運ばれる。港に陸揚げされた物資は鉄道に積みこまれ、異ゲージ間の積み替えを経てラクセルまで輸送される。ラクセル即ちネパール側ビルガンジから盆地のカトマンズまでの二〇〇キロ近い道程には大きな標高差があり、ロープウェイと未舗装の曲がりくねった山道が生命線になっていた。コルカタからカトマンズまで、ネパール国民のための生活物資輸送は実に大変な作業である。

ホテルのベッドに潜り込み、明かりを消すと部屋のどこかでゲッコウ（ヤモリの一種）が鳴いていた。静かな秋の夜である。

ビルガンジでは忘れえぬ思い出が二つあった。その一つはホテル・サムジャナで昼食にとったカレーの味である。私たちはカトマンズに戻る前にホテルで遅めの昼食をとった。メニューはもちろんカレーである。ネパールの随行はごく平凡に、ベジタリアン用の野菜カレーと宗教上無難なチキンカレーを選んでくれたのだが、このカレーが旨かったことは他に譬えようがなかった。インドやネパールでは毎日毎日食事はカレーだ。おかげで沢山のカレーと接したが、これ程深みのあるカレーを食べたのは初めてだった。

二つ目は、密入国容疑でインド警察に拘束された後吸った、ほろ苦い煙草の味である。前日ジャイナガルでインド密入国を経験していた私は、ビルガンジでも何の疑念も持たずにインド側に入った。ラクセル貨物駅を視察した後、繁華街で写真を撮っていたとき、警察に尋問された。それからビザを持たない密入国者として警察に連行されたのである。ネパールの随行者は慌てた。そして私を解放するよう必死の努力を試みた。私が国連職員であること、インド・ネパール両国のため流通近代化調査をしていたこと、ビザなしで越境を促したのはネパール政府の手落ちであることを説明して私の解放を求めた。私は程なく解放されたが、一時は最悪を覚悟した。別れ際に、警察官はインド製のタバコを取り出して、和解の印に吸ってくれ、と私に勧めた。私はずっと前から煙草を止めていたが、感情を害さないよう受け取った。何年ぶりかの煙草はほろ苦かったが、むせないよう用心しながら吸った。

鉄道統計指導の経過は帰国後レポートにして、部長と鉄道統計の責任者M君に報告した。更に、M君には旅先のエピソードや失敗談、個人的コメントも併せて報告したが、これはスナックOでひと息入れながらの話になることもあった。これらは彼の今後の活動に役立つだろうと思ったのだ。

そして、鉄道統計に関する諸々の報告は、鉄道統計第二版の草稿に反映されることは言うまでもない。

# 第11章 占領された運輸部

## 1 新部長と不適切な関係の秘書

「スタッグパーティに参加しないか」

と入口で声がした。書類から顔を上げて声の方に目をやると、戸口を埋め尽くすように大男が立っている。一昨年、国連ＥＣＬＡＣ（ラテンアメリカ・カリブ経済委員会）から移ってきたカナダ人だ。世話好きで人のいい彼は、今日はパーティの幹事役を引き受けていた。彼の肩書きは総合交通計画課長である。しかし、通信や郵便など、担当官が空席の仕事まで快く引き受けてしまう、大男に似合わぬ軽快なフットワークの持ち主で、F部長と気が合っていた。

「もちろん、喜んで」

私が答えると、カナダ人は部屋の中まで入ってきて、机の上にバンコクの市内地図を広げた。それから、ワイヤレス通りに近い位置を示しながら、

「今日はインドネシアレストランだ。部長の奢りだよ」

と小声で言って目で笑った。

スタッグとは牡鹿のことだが、スタッグパーティは男ばかりの集まり（呑み会）を意味する。日本ではありふれた、仕事帰りの同僚との一杯も、規模は小さいがスタッグパーティみたいなものだ。F部長になってから、スタッグパーティの他、週末はテニス同好会だ、家族同伴の一泊旅行だと部の仲間やその家族との付き合いが多くなった。まるで日本の企業みたいだね、とM君と笑ったものである。部下との人間関係を大切にする部長の努力が随所で形になっている。

ワイヤレス通りは中央分離帯に見事なタマリンドの並木が続いている。その上、通りの両側にはアメリカ大使館やオランダ大使館などがゆったりと居を構えていて、邸内の樹木がフェンスを越え、歩道を覆うように枝葉を伸ばしていた。

――ワイヤレス通りを歩くと公園を散歩しているみたいだ。

ここを歩く度にそう思ったものだ。みずみずしい緑のトンネルと舗道に躍る木洩れ日が、炎暑で乾いた心身を和ませてくれる。私の、バンコクで一番好きな通りである。

目指すレストランはその裏通りにあった。まだ塗装が匂いそうな、小ぢんまりとした新装レストランである。出窓には観葉植物と一緒に黒檀の彫像が飾ってある。壁の絵はバリ島の風景画らしくインドネシアの雰囲気が漂っていた。部長はここの女主人と旧知の間柄らしかった。

乾杯の後、雑談になったが、話題は素直に当面の最大関心事に収斂していった。その頃、運輸部と船舶・港湾・内航海運部（Division for Shipping, Ports and Inland Waterway　略して海運部）が合併するらしいという話題で持ちきりだったのだ。

噂によると、この合併は来年（八九年）早い時期に行なわれるらしい。目的は、陸海の運輸部門を統合し業務の効率化を図るのだという。要は国連ＥＳＣＡＰ内組織の合理化だ。

「合併時、観光は貿易部に移るらしいね。新しい部の肥大化を避けるために、そう決めたらしい」

タイ人のブリンナー氏がこう言ったので観光課長は真顔になった。彼は長い間空席だった観光課長のポストに、カナダ人と前後して赴任してきた運輸部四人目の日本人である。彼が着任するとＥＳＣＡＰの観光振興活動はにわかに活気を帯びた。活動が軌道に乗り始めた途端に移籍とは彼も心外だろう。

観光課長は着任すると直ぐテニス仲間に加わり、バーン博士の好敵手になった。ベルリン気質の短気な博士と温厚な観光課長、二人はどういうわけか気が合った。彼らは勤務終了後、よくテニス

ワイヤレス通りのタマリンド並木

コートで落ち合った。それから日没が二人を分けるまでプレーに熱中した。二人の技量は伯仲しているらしい。今日も課長と博士は、コートで一汗かいてからスタッグパーティに合流した。二人の熱心なテニスマッチも組織改正で終わりだね、と早速揶揄されている。

組織改正時の、我々の最大関心事は、何といっても部長人事であった。部が合併すれば、部長が一人はみ出す。どちらが残りどちらが転出するか。これは我々の国連活動を左右するほどの、重大かつ深刻な問題であった。私の知る限り我が部は全員、F部長の続投を熱望していた。

対抗馬の海運部長はオーストラリア運輸省出身で年齢は私より六、七歳上であった。若い頃は英国海軍の潜水艦に乗っていたそうで、M君との彼の陰の呼び名はマリナー氏である。

マリナー氏が私より一年ほど遅れて国連に着任したとき、彼は夫人同伴であった。しかし夫人は、夫と人妻の部下との不適切な関係が本格的になると、失意のうちに帰国した。その結果、マリナー部長はその女性を昼はオフィスで秘書に、夜は同棲相手にするという生活を始めたので、第三者の我々には公私の区別がつけにくかった。そんなマリナー部長より、家族的で部下思いのF部長のほうが好ましいに決まっていた。

宴席の話が具体的になると仲間の会話は小声になった。部長から離れたところに席を移してヒソヒソ話を始める者もいる。当事者に遠慮したのだ。手持ち無沙汰になったF部長は女主人と話している。部長の奢りだというのに、その日は何ともまとまりのないスタッグパーティになってしまった。

八八年の年の瀬が押し迫って私は帰省した。有給休暇が再び、制限枠六〇日を超えて溢れ始めたため、休暇を消化しつつ年末年始を日本で過ごそうと考えたのである。それに、国連勤務が間もなく約束の五年になる自分自身の将来計画について、日本の所属先や関係者と相談する必要もあった。バンコク帰任は一月十六日の予定である。

バンコクのM君から電話があったのは正月三が日の朝のことだ。私は東京郊外の実家で久しぶりに新年を迎え、家族と懐かしい雑煮の味を楽しんでいた。

M君は、新年の挨拶と平穏な正月を乱す不躾な電話の侘びを言うと早速用件に入った。彼によると、キブリア事務局長が、突然、運輸部の職員全員と話し合いたい旨申し入れてきたそうである。会談は翌日行なわれる。運輸部の全員がF部長残留を切望していると知っての会談申し入れだ。ということは、残念ながら合併後の新部長はマリナー氏、と既に決めているのだ。ブリンナー氏もカナダ人もM君自身もそう思っている。しかし、これが最後の機会だと思われるので、この会談を受け入れることにした。会合に出席して、運輸部は全員F部長支持であることを、たとえ無駄だとしても、はっきり伝えておこうということになった。それが、我々のF部長に対する感謝の気持ちでもあるからだ。

「もし、この機会に言っておきたいコメントがあるなら、自分が代わって申し伝えるが、いかがか」

M君は私に気を使ってこう提案した。

キブリア氏の会談の意図はその通りだろう。オーストラリア政府からマリナー氏を部長に残すよう圧力があるという噂も聞いていた。運輸部の部長のポストを押さえていることは国益に繋がるからだ。つまり、この会談は、「マリナー氏を新部長に決めたので彼を盛りたてて頑張ってくれ」という事務局長主催の儀式みたいなものだ。悔しいけれど、今更どう逆らっても流れは変わらないだろう。従って、今回の会談では、鉄道グループは静観することにしようではないか。

私はM君に、感謝の言葉とともにこんなふうに伝えた。

M君からの電話はその後二度あった。最初の電話はキブリア氏との会談の結果報告だった。カナダ人、ブリンナー氏、それにニューヨーク本部から移ってきたハイウェイ課長のウクライナ系ソビエト人がF部長の残留を強く主張したそうである。しかし、大方が予想した通り、我々の主張は軽く受け流され、マリナー氏の新部長就任を確認しあっただけだった。しかも組織改正は一月十一日、慌ただしく断行されるそうである。これについてM君は、決行が長引けば長引くほど雑音が多くなるからだと解説した。F部長は、近々空席になる技術協力部長のポストに横滑りするという。

私は、記念すべき組織改正当日、現場に不在ということになった。その上、F部長への別れの挨拶も、赤リボン女史とのトラブルで迷惑をかけた侘びの言葉も、すべてタイミングを逃してしまった。

二度目の電話は、新組織「運輸通信部」が発足した当日の午後にあった。早速、部員全員が出席する第一回部内会議が開催され、新しいボスの雄たけびを聞かされたそうだ。新部長の横には、不適切な関係にある「部長のパートナー」が寄り添うように座り、熱心にメモを取っていたそうである。彼女の任務はどうやら議事録担当の部長秘書ということらしい。M君はこう報告した。
——何か良くないことが動き始めている。
M君の電話を聞きながら考えていた。

## 2 新部長の反対派封じ込め作戦

私は予定通り一月十六日に帰任した。翌日出勤すると、待っていたようにM君が入ってきた。彼はまず入口のドアを閉め、マリナー部長のパートナーは日本語が分かるので用心する必要がある、と笑いながら釈明した。それから、例によって木製の椅子にどっかと腰掛け、控えめな声で状況報告を始めた。M君の報告は以下のようであった。

マリナー部長は、我々旧運輸部の職員が、多少の差はあれ全員F部長派であり、自分が招かれざる客なのを知っている。特に、いろいろと動いていたカナダ人の総合交通計画課長、ウクライナ人のハイウェイ課長及びタイ人のブリンナー氏のことは快く思っていない。

ところがマリナー氏はこの三人を全員、敵に回すことはしなかった。ブリンナー氏を切り離して味方につける作戦に出たのだ。三人相手では荷が重過ぎると考えたのだろう。それに、ブリンナー氏は由緒ある一族の出身でありタイ王族とも繋がりがある。そこで彼を見方につけた方が得策だと判断したらしい。これはなかなか抜け目のない作戦だ。多分、タイ事情に詳しいパートナーの助言に基づく戦術ではないか。M君はこう付け加えた。それから、全体会議での以下のような部長の発言を伝えた。

「現在、新生運輸通信部には九つの課が存在するが、これを総務課一、主管課四、の五つくらいの組織に統廃合しようと考えている。そこでまず、総務課を立ち上げたい。課長はブリンナー氏にお願いする。次に総務課が部の再編作業の中心的役割を果たし、順次主管課を立ち上げたい。諸君の協力をお願いする」

標的が二人に絞られると、マリナー部長の〝報復〟が開始された。少なくとも私にはそう見えたのである。報復はカナダ人に対して顕著で、しかも日を追って陰湿かつ露骨になっていくようであった。

例えば、その年の三月、こんなことがあった。カナダ人が総合交通計画専門家会議を開催したときのことである。会議初日の朝、出席者にコーヒーが提供された。コーヒーは恒例により会議費(公費)から支弁されることになっていたという。ところが後日コーヒー代三三二バーツ(一六六〇円)の請求書がカナダ人に届いた。不思議に思ったが彼は取りあえずポケットマネーで支払った。総務で調べてみると、会議立案文書が改竄《かいざん》されていて、コーヒー代は、会議費支払いから(カナダ人の)個人負担に変更されていた。これは明らかに部長の嫌がらせだ。立案者に事前通知せず、内容を無断で変更されたカナダ人は部長に抗議した。細やかなコーヒーサービスは、出席者を和ませ意見交換を促すためのＥＳＣＡＰの慣例で、以前からやってきたことではないか。変更するなら事前になぜ知らせなかったか、とメモを書き、c.c.で総務など部外関係者にも送付した。

メモが部の外の人々にも送られたことを知ったマリナー部長は反撃に出た。そして以下のような要旨の反論メモをカナダ人に、またコピーを総務部長など部外関係者にも送付したのである。二人の半年近く続いた、不幸な中傷誹謗合戦は、ここに火蓋を切って落とされることになった。

（カナダ人宛の警告メモ要旨）

貴方が総務部長に送ったメモを見て、私はその無責任さに驚いている。今後は以下の命に従うこと――

（ａ）業務に関する部外への文書は、部長がチェックしサインしたもの以外発送してはならない（課長には発送権限がない）、

（ｂ）（課長の）貴方には、独断で部やＥＳＣＡＰを代表して行事を執り行なう権限がない、

（ｃ）プロジェクト資金はその目的以外に使用してはならない。

この警告メモは三月二十八日に発信された。が、その同じ日、部の新しい組織が発表されて人々を驚かせた。発表された新組織は事前に予告されていた通り、総務課と四つの主管課で構成されていた。主管課とは陸上交通課、総合交通課、海事課、内航海運課である。

マリナー部長の指示に基づく新しい組織は旧運輸通信観光部が被占領グループであることを十分認識させるものだった。まず、ハイウェイ課と鉄道課が合併し、陸上交通課と改称された。ランクがP－4のウクライナ人は課長を外され私の下に入った。

次に、カナダ人の総合交通計画課は旧海運部の荷主団体担当（Shippers' Organization and Co-operation）課と合併し、総合交通（General Transport）課という名称になった。課長には荷主団体担当のL氏が指名された。L氏がP－5でカナダ人よりハイランクだというのがその理由だが、この辺りに不純な意図が感じられた。なぜなら、荷主団体担当と総合交通計画との合併は、まるで木に竹を接ぐようなものだからだ。船の荷主団体なら海事課か内航海運課と合併する方が自然ではないか、何か意図が感じられる、と被占領グループは陰口をたたいた。カナダ人への警告メモと組織改正発表が同日に行なわれたため、余計そう思われたのである。

いずれにしても、四主管課のうち、三課の主導権が旧海運部に握られることになった。そして、問題の二人は、共に課長という組織上の武器を没収されて、マリナー部長に抑え込まれることになった。

もっとも、それくらいでおとなしく引き下がる二人ではなかった。特にカナダ人は、部長のメモによるいわれなき非難や中傷から身を守るため、メモを受け取る度に、正々堂々と反論メモを書き、関係者に送り返したのである。マリナー部長は国連経験が浅かったせいか、「国連の常識」に関する限り、部長よりカナダ人の言い分に説得力があった。それがまた、火に油を注ぐことになったのであるが……。こうして二人のメモ戦争は際限なくエスカレートしていったのである。

で、結論はどうなったか。

二人のメモ戦争が終焉に近い八月二十二日にカナダ人が部長宛てに書いたメモには以下のような記述があった。


悪態放題のメモ（Abusive Memoranda）＊要旨

- 貴方は悪態放題のメモを私に際限なく送って寄こすが、自己防衛上、その都度私も反論せねばならず、これでは際限が無いではないか。
- 我が部のモラルは自分がかつて経験したことがないほど低下してしまった。高いモラルを誇っていた旧運輸部のことを思うと誠に残念だ。この不幸な状態の責任は貴方にあることを自覚して欲しい。
- 私はP－4の上級職員として、国連に忠実かつ献身的に勤めてきた永い記録を誇っているが、貴方のひどい振る舞いにはとても耐えられるものでない。
- 貴方が個人的に私に行なっている血の復讐（vendetta）を、国連の健全な業務遂行のためにも直ちに中止されたい。
- 貴方のこうした行為が改まらないなら、自己防衛上、国連の救済措置へ訴えることも考えねばならない。

・現在、私は業務上ストレスによる病を治療中である。貴方の罵詈雑言《ばりぞうごん》によって病状が悪化する恐れがあるため、これから数日間病休を取りたい。その後引き続き、帰省休暇に入るので了承されたい。

「国連では、直属の上司は封建領主のようなものだ。部下に絶対的な力を持ち、幹部になると力ずくで人を動かせる」

という、国連貿易開発会議（UNCTAD）、勝野正恒・主席行政官の談話（『負の明細書』、「毎日新聞」二〇〇一年一月二十四日）の通りで、部下のカナダ人が完全に白旗を掲げたように見える。しかし私には、名を捨ててでも無益な争いに終止符を打とうとしたカナダ人の心情が読み取れる。彼が止めない限り、部長が中止するはずはないのだ。これでやっと、二人のメモ合戦は終焉に向かうだろう。暫し、部長が放つ余震の襲撃に耐えながら、カナダ人は幕が引かれるのを待つことになるだろう。

考えてみれば、これは二人の諍いである。しかし、このためにどれだけ職場環境が悪化したことか、貴重な労働時間をどれだけ消耗したことか。責任ある立場の部長の方こそもっと早く気付くべきだったのだ。カナダ人は revenge ではなく vendetta と、マフィアを想像させるようなイタリア語で事態を表現した。部長の復讐がいかに執拗であったかがこの言葉に込められている。

マリナー部長への不満はこの他にもいろいろあった。彼が派遣専門家（NRL）を重用しなかったこともその一つである。派遣専門家とはM君やバーン博士らのことだ。彼らは本国政府が全額資金を負担し、国連活動支援のために派遣されていることは以前話した通りである。猜疑心の強い部長は、豊かな経験と技術力を持つ彼らが国連の肩書きを使って、自国の利益のために活動するに違いないと疑っていたようだ。そのため派遣専門家の活動を制限し、後任人事にもほとんど関心を示さなかったのだ。

例えばこんなことがあった。マリナー氏が新部長に着任早々の二月中旬のことである。アジアハイウェイの専門家が単身、在タイビルマ（現ミャンマー）大使館を訪れたことを知って、彼は不快感を露わにした。早速彼は派遣専門家の活動を規制する以下のようなメモを書いて関係者に配った。

派遣専門家の活動に関するメモ　＊要旨

・派遣専門家が単独で加盟国とＥＳＣＡＰ活動計画に関する政策事項を議論してはならない。議論の必要がある場合は必ず正規の国連職員が同席すること。

・派遣専門家は加盟国の要請に基づき、advisory service を行なうために当該国に出張することは認められるが、その他の場合は正規の国連職員が同伴すること。

・派遣専門家は国際会議や他国連組織との折衝においてＥＳＣＡＰの代表とは見做さない（ＥＳＣＡＰを代表するのはあくまで正規国連職員である）。

この指導メモに加えて、派遣専門家が部長説明を行なうときは課長も同席すること、という口頭による部長命令が加わったので私の行動計画は混乱した。当時、陸上交通課には派遣専門家が三名いたが、彼らは皆、豊富な専門知識と十分な英語による説明能力を持っていた。それなのに私が同席するということは、屋上屋を重ねるようなものだ。プロジェクトを沢山抱えて多忙を極めているときに、時間の浪費を強いられるのは全く迷惑な話であった。

前にも触れたが、国連職員は国際公務員として、一国の利益ではなく、国連の利益のために尽くすことを誓約している。しかし実際はどうだろう。ほとんどの国連職員は目立たないように努めながら母国の利益のために動いているといっていい。

ところが、マリナー部長の場合はそれが少々目立っていた。例えば、国連職員にはノータックスで酒類などを購入できる特権があるが、その酒類リストにオーストラリアワインがない（あるいは少ない）のはけしからぬ、と騒いだのは彼だと聞いた。また、M君が担当していたUNDP支援の「信号プロジェクト」に母国オーストラリアの企業を参入させようといろいろ画策していたのも彼だった。

派遣専門家への猜疑心も、実はこの辺に原因があると推測された。部下も自分と同じように母国に利益誘導を図るのではないか、と疑っている節があった。

## 3 メコン川を渡る

メコン委員会からの要請を受けて、ラオスに出張しようとしたとき、マリナー部長の強い抵抗にあったことがあった。彼が部長に着任して間もない三月のことだ。

当時のメコン川には一本の橋梁すら架かっていなかった。川の横断はすべて大小の船である。メコン川を挟むタイとラオスの都市、ノンカイとビエンチャンを橋で結ぼうという構想は古くから存在した。こうしたメコン川総合開発計画を協議する国際機関はメコン委員会である。そのメコン委員会の要請を受けて日本政府がフィージビリティ・スタディ（実行可能性調査）を実施したのは二十年も昔のことだが、その後、具体的な動きはなかった。

ところが、この古いプロジェクトが八八年になって突然動き始めた。計画が再認識され、フィージビリティ・スタディの見直し作業が始まったのである。

そんな関係でメコン委員会からＥＳＣＡＰにも何度か支援要請があった。道路橋の計画が道路・鉄道併用橋に変更されたためで、鉄道計画に関する技術支援が要請の骨子であった。

二月上旬、第二十八回メコン委員会が開催された。委員会でフィージビリティ・スタディ改訂版が検討され、その結果が公表されると、メコン川を跨ぐ最初の橋梁はにわかに現実味を帯びて輝き始めた。特に、日本が資金援助をするという新聞報道が流れると、タイに好意を持つ日本人関係者は拍手喝采して喜んだ。

ところが、ホーク豪首相（当時）が二月にタイを訪問し、チャチャイ首相と会談すると事態は一変する。オーストラリアが全面支援するという方向で計画が動き始めたのである。

そんな微妙な時期に私はメコン委員会からラオス出張の要請を受けた。マリナー部長に許可を求めると、予想したことだが言下に反対した。険のある目つきで真顔になって反対したのだ。

そこで私は、このプロジェクト支援が昨年来、F部長時代からの約束事であることを説明した。すると部長は、オーストラリアが支援すると言っているのだから我々が横から口を出す必要はない、と見当外れの反論をして譲らない。まるで私が日本の利益のためにオーストラリアの妨害を企んでいるかのような口ぶりである。部長は祖国オーストラリアのために防戦しているつもりらしい。

メコン委員会やラオス政府がＥＳＣＡＰ鉄道課に期待していることは橋梁建設そのものではない。将来、メコン川を渡ってラオスに延伸される鉄道計画のことなのだ。言うまでもないことだが、彼らの中には鉄道経験者が一人もいなかった。従って、ラオス初の鉄道がメコン川を渡ってくると、旅客や貨物の駅を、どこにどの程度の規模で計画したら良いか、計画は何から手を付けるべきか、それを教えて欲しいと言っているのだ。

そのことを説明すると部長は暫く考え込んでいた。が、直ぐ私を正視して、一体どのプロジェクトの旅費を使って出張する積りか、と尋ねた。部長はあくまで、私のビエンチャン行きを阻止する構えである。鉄道のないラオスには鉄道プロジェクトが一つもない。つまり、部長は正式に使用できる出張旅費がないことを承知して聞いていた。

「旅費の出所については後日報告します」

私は、自分のラオス出張について、旅費の出所以外すべて、部長の合意済みであるかのように締めくくり、ひとまず引き下がってきた。

M君の部屋の前を通ると、タイ国鉄前副総裁プラチュウム氏と打ち合わせ中であった。早速二人を自室に招き入れ、メコン川橋梁の経緯を話して協力を求めた。マリナー部長のネガティヴな対応を話すと、二人は異口同音にこう主張した。

「ノンカイまで鉄道で行きましょう。タイ国鉄は応援しますよ。鉄道のラオス延伸に大賛成ですから」

前にも触れたが、我々には日本政府がドナーの「ESCAP域内鉄道のための土木構造物検査保守標準」というプロジェクトがあった。このプロジェクトにはセミナーの他、現場実習なども含まれており、当時最適実習現場を調査中であった。二人はそのことを承知して言っているのだ。

「タイ国鉄東北ルートを実習適地調査しつつノンカイまで行く。ノンカイはメコン川を挟んでビエンチャンと向き合っている。つまり、川を渡ればビエンチャンだ。簡単じゃないですか」

二人が声を立てて笑うので私もつられて笑った。

三月十四日早朝、バンコク・フォアランポン駅でタイ国鉄のワニッチ次長やJICA専門家の遠藤健二タイ国鉄総裁顧問（当時）と落ち合った。心強いことに遠藤君も随行してくれることになったのだ。

六時三〇分発ウドンタニ行き快速33号の後部には、我々のためにタイ国鉄の構造物検査用特殊車両が一両、増結してあった。ＥＳＣＡＰプロジェクトを支援しているタイ国鉄の好意である。検査作業用必需品を搭載したこの特殊車両にはトイレはもちろん数台のベッドまで備わっている。それに、調理場や炊事用具一式まで設備されていて、緊急時にはここに寝泊りし、自炊しながらインフラの検査や復旧作業が行なえるように工夫されていた。それにこの特殊車両は走る会議室でもあった。大きなテーブルに予め用意された地図や構造物の設計図を広げ、車窓から地形や位置を確認しながら実習適地を検討できた。その上、昼時になるとこの大テーブルは食卓になった。コックが腕を振るって、でき上がったばかりのタイ料理を何品か並べてくれたのだ。

翌日の午後、メコン川のフェリー乗り場で彼らと別れた。いよいよラオス入りである。出入国管理事務所の待合室から、小さなフェリーが頻繁に行き来する様子が眺められた。対岸のラオスは静寂で、午後のねっとりした日差しのなかで眠っているように見える。乾季の川面は低く、船着場は堤防の遥か下方にあった。

ビエンチャンでは、当地唯一の国際ホテルだというランツァンホテルに宿を取った。部屋に案内され、浴室に古びたビデを発見して、ラオスがフランス植民地だったことを思い出した。

翌早朝、爽やかな空気の中を散歩に出る。繁華街に近づくと、道端に朝市が賑わいを見せている。そして、そこでも植民地時代の名残りを発見した。幾つもの店先に焼きたてのフランスパンが所狭しと並んでいる。

私は街角で思わず立ち止まった。出会い頭にビエンチャンの街の香りを浴びたからだ。薫風がメコンの川面を渡り、ハイビスカスやプルメリアの花弁をかすめ、パン屋のクリスピーな香りを乗せ、ビエンチャンの香りになって鼻腔を刺激していた。誘われればついて行きたくなりそうな人懐っこい香りである。

朝食を済ませると、早速行動を開始した。UNDPでは運輸担当官と陸封国担当官の二人が私を待ち構えていた。メコン川を渡って鉄道一本繋がると、一体どれくらい貨客を輸送できるのか、彼らは好奇心の塊みたいになって私を質問攻めにした。次に都市計画研究所に出かけた。ここでは技術参事官の肩書きをもつ外国人コンサルタントが私を迎えてくれた。彼は旅客駅と貨物駅が入った計画図面を見せ、構想を説明しながら私に意見を求めた。最後に建設通信省の担当局長と会ったが、このときはほとんど時間がなくなっていて、面会は表敬訪問程度になってしまった。

メコン川を挟むラオス、タイ両国の出入国管理事務所は午後四時に門を閉じる。ラオス側の事務所はタナレンというビエンチャン中心部から一〇キロほど離れた郊外にあった。つまり、その日のうちにタイ(ノンカイ)に入国するためには、逆算して三時にはラオス側出入国管理事務所に到着しておく必要があり、二時半にはビエンチャン都心部を車で出発する必要があった。そんなわけで午後はほとんど仕事にならなかった。

私は、一八時五五分ノンカイ発、急行4号の寝台車を予約していた。バンコクには翌朝五時三五分に到着予定である。

出発まで時間があったので、散策がてら船着場から駅まで歩くことにした。メコン川に沿って川上に五〇〇メートルほど歩くと貨物フェリーの船着場がある。タイ各地からトラックや貨車で運び込まれた貨物はここでフェリーに積み替えられる。今は静かだが、前日観察したときは、電気製品や自転車部品のコンテナ、セメントや砂糖の袋が堆《うずたか》く積み上げられ頻繁にラオスに向かっていた。ところが、帰りのフェリーはほとんど空である。随分と貿易不均衡だ。こう思ってワニッチ氏に尋ねると、彼は上空を指差しながら、その心配は要りません、と答える。上空を見上げると高圧ケーブルが数本、メコン川を渡っている。水力発電の国ラオスはタイに電力を輸出していたのである。

(『アジアの鉄道』、田中宏昌執筆「アジア横断鉄道」の章参照、吉井書店)

貨物フェリーを見学した後、余裕をみながらノンカイ駅に到着し、指定の寝台車に乗り込んだ。ところが驚いたことに、私の席には既に先客がいるではないか。恐れながらと彼の切符を拝見すると、切符はその席そのものである。これは途上国によくあるダブルブッキングに違いない。嫌な予感が走り、暗い気持ちになった。

車掌を見つけ、自分の指定券を示しながら事情を説明した。車掌は私の切符を真面目に吟味すると突然笑いだしてこう言った。

「お客さん、これは明日の指定券ですよ」

私は驚いて車掌の指差すDEPARTURE DATE(出発日)の欄を凝視した。しかし、アラビア数字

メコン川のノンカイ側船着場。ラオス国旗をつけたフェリー

とタイ文字が並んでいて、暗号文のように意味不明だ。タイにも日本の明治、大正、昭和のような西暦以外の年表示があるが、最後の二桁のアラビア数字はそれかも知れない。真ん中のタイ文字一字は月を表す頭文字だろうか。だとすると最初のアラビア数字とタイ文字の組み合わせが日にちに違いない。

いずれにしても、旅行会社が乗車日とバンコク到着日を間違えて発行し、それを秘書も、私も、ろくに確認しなかったのである。

寝台車はすべて満席だというので一般席に足を運ぶと、ここも人が溢れている。ウドンタニかコンケン辺りで席が空くことを期待して、一旦食堂車に避難することにした。

ビールを友に夕闇の車窓を眺めながら、バンコクまで一一時間の長旅を考えた。天国のような行きに比べ、帰りは地獄になってしまった。惨めな帰り旅はアルコールで麻痺させるしかなさそうだ。

この出張には最初からけちがついていた。オーストラリアの国際協力プロジェクトに干渉させまいとする部長の下種《げす》の勘繰りがそもそもの始まりだった。しかし我々は部長の言いがかりに妥協しなかった。タイやラオスの将来を考えて鉄道チームは知恵を絞った。そして鉄道でメコン川右岸のノンカイまで行き、そこからフェリーでビエンチャンに入ることにしたのだ。それでも帰りはビエンチャンからバンコクまで、空路を考えていた。この繁忙時、仕事の時間を粗末にしたくないと考えたからだ。

ところが、部長は空路を許可しなかった。構造物検査の実習適地調査はタイ国鉄が対象だろう、それなのに、帰りがビエンチャンから空路では説明がつかない、と言い張るのだった。これはもう嫌がらせである。

やむを得ず、航空券を列車寝台に変更するよう旅行社に依頼した。ところがなかなか切符が届かない。秘書が確認すると、旅行社の国連担当は、航空チケットしか扱ったことがない、鉄道旅行は初体験で手間取っているのだという。結局、指定券は出発前日の夕方になって届いた。それが不幸にも翌日分の寝台指定券だったのだ。

考えてみれば、マリナー部長になって二ヶ月余り、私の日常業務はすっかり非生産的になってしまった。今まで通りの、招かれざる部長代行《オフィサー・イン・チャージ》に加えて、会議の出席だ、部下の部長説明立会いだ、と非生産的な時間の拘束がやたらと増えた。それに反比例して自分の生産的な時間が削減されてしまった。

部下の部長説明立会いは三名の派遣専門家だけではなかった。ハイウェイ担当のウクライナ人は相変わらず意気軒昂なものだから、今では彼の部長説明、いや二人の口論にまで、私は立会いを要請されていた。ウクライナ人はとても太っていた。M君と同じくらいの背丈なのに、彼の体重は恐らく一二〇キロ位あっただろう。私のほぼ二倍である。彼は部長の頑固さに怒りを爆発させると、

「この独裁者《ディクテイター》!」

と怒鳴り、反射的に床を蹴って飛び上がった。彼の臀部が再び椅子に戻ると、その反動で、今度は隣の私が跳ね上がったものである。

「ああ、何とでも言え」

部長は机の向こうで涼しい顔をしている。

——自分が理想とした国連での存在理由《レーゾン・デートル》が剥げかかっている。

その頃、鉄道チームが沢山のＸＢプロジェクトを推進していたことは前にも何度か述べた。これらはすべて、Ｍ君などＮＲＬのマンパワーを前提にした上で作られていた。ところが、新部長になって思いがけないＮＲＬ軽視である。

Ｍ君の国連勤務が三ヶ月後、つまりその年の六月に切れることも既に述べた。しかし、域内国のことや域内国支援プロジェクトのことを考えると、彼の存在は必要不可欠だった。そこで私は彼の任期延長を画策していたが、ＮＲＬを重視しない部長は協力的でなかった。国連本部の指導がそうなっている以上、画策しても無駄だというのだ。バーン博士だってその年の秋に五年の任期がきて帰国する。しかし部長は、何代も続いていた西ドイツ専門家の後任派遣要請にも無関心だった。その結果、日本と西ドイツからの派遣専門家が国連から消えていくことになるのだ。

概ね五年という、私の国連勤務もその期日が七月にやって来る。こんな状態で私まで国連を去ることになると、ＥＳＣＡＰの鉄道チームは総崩れになってしまう恐れがあった。

タイ国鉄との折衝によると、土木構造物検査保守標準のセミナーと実習は来年早々、多分一月から二月に開催される。少なくとも、この終了を見届けるまでは帰国すべきではない。責任を全うし、先の見通しを立ててから帰国すべきだ。ビールを飲みながらこんなことを考えていた。

声がしたのでグラスを置いて顔を上げると、若いカップルが相席を求めている。辺りを見渡すと食堂車はいつの間にか満席である。車内を映す窓の外を漆黒の闇がゆっくりと流れていた。私は慌てて椅子の荷物を手前に移動して二人を歓迎した。長い旅路に友を得るのは嬉しいことである。その上、二人がバンコクへの新婚旅行中だと聞いて私の調子は更に上がった。早速ビールと二人のグラスを頼み、「チャイヨー（乾杯）」と二人を祝福した。

私が、メコン川に架かる初めての橋梁や将来その二車線道路の中央部に鉄道橋が架設できるような構造になっていると話すと二人は関心を示した。そして、道路橋は四年後の完成予定だそうだが、鉄道はいつごろ完成する予定かと聞いた。私が答えると、今度は長さ一〇〇〇メートル強の橋の建設コストは三〇〇〇万ドルと聞いたが本当かとか、鉄道橋建設に要する追加コストはいくらかなどと掘り下げた質問をして私をたじろがせた。

話に一呼吸入ったとき、私は寝台指定券の大失敗を話した。その結果、今夜は通路がベッドになりそうだと嘆いて見せた。すると、寝台車から食堂車に来る途中、エコノミークラスに幾つか空席があった、座席で眠れますよ、と言って二人は私を喜ばせた。多分、ウドンタニ辺りで、期待した通り客が降りたのだろう。

空席確保と新婚カップルの迷惑を考えて間もなく中座した。二人の言った通り何両目かで空席は見つかった。浅い眠りだったとはいえ、座席で眠れたのは不幸中の幸いだった。列車は予定より少し遅れてバンコクに到着した。ＥＳＣＡＰに出勤するには都合の良い時間である。

オフィスで出張報告を書いているとM君がやってきて、

「長時間の夜汽車の旅の後まで仕事をすることはないのに、とみんな言っていますよ。勤務規程でもそうなっているそうですよ。マリナー部長がそうさせたのだから、見せしめに帰宅して休養すべきでしょう」

と笑った。

出張報告を書き終えると、待っていたかのように睡魔が私を襲ってきた。目を開けていられないくらい眠いのだ。私はドアを閉め、何時ものように靴を脱ぎ、延ばした足を木の補助椅子に載せた。目を閉じるとたちまち眠りに落ちた。

# エピローグ

## 1 帰国

ノックの音とドアの開く気配に、私は目を覚ました。首を捩って視線を向けると驚いた顔つきのミセスレモンが形良く立っている。私だと気付くとたちまち、体全体で懐かしさを表した。もろ手の仕種、人懐っこい笑顔、彼女の何もかもが昔のままだ。

「寝息が聞こえたので、中佐が寝ているのかと思ってノックしたら、ミスター、貴方だったのね」

ブラインドから漏れる日差しが床に伸びている。日差しの長さが眠っていた時間を物語っていた。「邯鄲の夢」にしては少々眠りすぎたようだ。

私は靴を履き、緩めた喪のネクタイを外しながら立ち上がった。それから、M君の納骨式にやっと間に合ったこと、仲間と別れて懐かしい昔の職場を見に来たこと、昨夜はほとんど寝てなくて、昔のようにシエスタの形を取ったらすっかり眠ってしまったこと、を弁解した。

彼女は私が少しも変わっていないと言って微笑んだ。彼女は私の秘書時代と同じように、休日出勤して翌週の会議の準備らしい。

ミセスレモンは、私が帰国した後のM君についていろいろ話してくれた。話しながら何度か涙をこぼした。そして最後に、いい人ほど早く逝くのね、と言った。

私は彼女と別れて国連ビルの外に出た。ラジャダムナーン北通りをどちらに行けばタクシーと遭遇するだろうか、迷った末に旧国会議事堂に向かって北に歩くことにした。タクシーを探しながら、あの頃を散策してみようと思ったのだ。太陽はすっかり西に傾いていたが、外気は炎暑のエネルギーを保っていた。ゆっくりと歩を進めているのにたちまち汗が噴出し、体中を流れた。

歩きながら「邯鄲の夢」の続きを考えた。夢は一九八九年三月十七日朝、ラオスから帰国したところで終わっていた。それから国連を退職するまで約一年あった。その最後の一年は豊富な資金に裏打ちされたプロジェクトを沢山抱え、最も充実した年になるはずであった。部長の無用な干渉と時間的侵略がなければの話であるが。

幸い、鉄道インフラの診断治療プロジェクト（日本政府支援の「ＥＳＣＡＰ域内鉄道のための土木構造物検査保守標準」）に関する限り、すべてが順調に進んでいた。前部長時代に調査を開始していたせいか、二年にまたがるこのプロジェクトにはマリナー部長からの特段の干渉はなかった。

このセミナーはすべて旧国鉄ＯＢやＪＲ現役の技術者が講師を務め、講義は英語で行なった。講師の英語が錆び付いていないか心配したが、これは全くの杞憂であった。それどころか、熱心な質疑応答のため時間延長することがあるほど盛り上がっていたのである。

あるとき、マリナー部長が見学に訪れ、司会をしていた私の隣に座ったことがあった。講義が一段落し質疑応答が始まったとき、パキスタン国鉄の技師長が手を挙げて質問した。私が答えようとすると、部長が横から制して、もう一度質問をしてくれと頼んだ。部長は質問の意味が分からなかったのだ。そこで、パキスタンの技師長は同じ質問を正確に繰り返した。しかし、それでも質問の意味が分からなかった部長は、今度は私に質問の意味を尋ねた。会場はどっと笑った。オーストラリア人が日本人に、英語の通訳を頼んでいる。このことが滑稽だったのだ。確かに技師長の英語には強い南アジアの訛りがあった。しかし決定的なことは、部長が鉄道の知識や技術用語に精通していなかったという点にあった。

この場面は一つの真実を教えていた。発音は未熟で文法的に不正確な英語でも、技術者同士は熱烈に議論し実りある時間を作れるが、ネイティヴスピーカーでもその分野の技術や知識に疎ければ、議論に参加できない。ここでは美しい英語などくそ食らえなのだ。「科学の世界の共通語」（福岡伸一氏、「日本経済新聞」二〇〇八年七月十日付夕刊）と題した面白い小話を読んだことがあった。それからずっと後のことである。

ある分子生物学国際会議での基調講演で演者はこう話し始めたそうである。「科学の世界の共通語は英語ではありません」会場は水を打ったようにしんとした。（中略）「科学の世界の共通語は」一呼吸おいて彼はこういった。「下手な英語（poor English）です。私のようにね。世界からお集まりの皆さん、どうか活発な議論を交わしてください」すばらしい開会宣言に会場は大きな拍手につつまれた。

さて、バンコクでの講義の後、参加者は全員タイ北部の古都チェンマイに拠点を移した。タイ国鉄の推薦もあり、実習地にチェンマイに近いタイ国鉄の北線を選んだからだ。参加者は営業線の橋梁やトンネル現場に入り、本番さながらに各種保守検査実習を行なった。ここでも日本人技術者が活躍した。豊富な技術力と経験があれば彼らの英語で十分 fishing（技術移転）が可能であることを実演して見せた。

チェンマイ実習が行なわれている間、M君にはバンコクでの後方支援をお願いした。その頃の彼は、派遣専門家の資格を失っていた。彼はプロジェクト資金で雇用された一コンサルタントの資格でＥＳＣＡＰ鉄道グループを支援してくれていたのである。

私の帰国後もプロジェクトの命運をＭ君に委ねたが、コンサルタント資格の彼は仕事がやりにくかったようだ。マリナー部長は（不適切な関係にある秘書など一部の例外を除き）正規の国連職員しか認めなかったからである。

Ｍ君はそのことを十分に予測していて、こんなことを言っていた。あれは私が帰国する少し前、送別会を催してくれるというので、彼と久しぶりにスナック「Ｏ」へ飲みに行ったときのことだ。

「課長が帰国した後、恐らくＥＳＣＡＰの鉄道の活動は後退していくでしょう。ご存知のように、部長は鉄道を知らない上に関心も高くない。課長の後任は、例によっていつ着任するか分からない。それにソビエト中佐は鉄道経験がない上にもう一つ本来任務があるから当てにならない。従って、本気で鉄道を支えようという人が、ＥＳＣＡＰにはいなくなりますよ。私はと言うと、残念ながら今はコンサルの資格だ。マリナー部長の下では、部長説明さえ単独でやらせてもらえないほど、無力な存在ですからね。この頃つくづく考えます。力を発揮できないところにいるのは無駄なことだと。ですから新課長が着任し、プロジェクトの引継ぎが完了したら、タイミングのいい時を見計らって転進しようかと考えています」

「つまり、コンサル契約が切れたら更新せず、日本に帰るということ？」私は尋ねた。

「日本とは限りません。タイでＥＳＣＡＰ以外のＪＩＣＡの仕事とか。ＪＡＲＴＳ（海外鉄道技術協力協会）が担当している別のプロジェクトとか……」彼はぼそぼそと答えた。それから急にいつものM君の声になって話を続けた。

「そこで提案ですが、この後何年か経ったらもう一度、ＥＳＣＡＰに帰ってきて一緒にやりませんか。途上国のために、ＥＳＣＡＰの鉄道をもう一度活性化させましょうよ」

「………」

私は思わずグラスを止めて彼を見た。

「マリナー部長は多分、後二、三年で六十歳、つまり定年退職です。そのとき、課長、貴方がその後任の部長になって帰ってくる。同時に私も戻ってきて再びコンビを組む。鉄道課長のポストが空いていれば、もちろん自分が応募します。空いてなければ、再びＪＩＣＡ専門家になってポストが空くのを待ちましょう。どうです。素晴らしいシナリオだと思いませんか」

「なるほど。そして私が六十歳で定年になるとき、君は五十歳になっていて私の後を引き継ぐ。するとプロジェクトはスムーズに継続する。いいアイディアだ」

ＥＳＣＡＰの最大の欠点の一つは業務の不連続性だ。技術協力に関する限り、まさに「継続は力」なのに、誰も分かっていない。あれだけ苦労したＥＳＣＡＰの鉄道統計だって、我々がいなくなるとどうなるか。彼はそれを心配して提案しているのだ。嬉しくなった私は、自分のグラスを彼のグラスに当て、それから飲み干した。

もちろん、コンビの再結成は運よく事が運んだときの話だ。実現するかどうかは全く予測不可能だ。それでも、彼に信頼され期待されていることが嬉しかった。同時に彼の心の在りようが嬉しかった。

――彼は国連ＥＳＣＡＰの駄目な部分をよく知っている。それに彼には、国連職員が備えているべき「こころ」もある。彼こそは加盟国のために、ＥＳＣＡＰを改善するために、ここに戻って来るべきなのだ。

国連が果たすべき役割は沢山ある。それに途上国の期待も引き続き大きい。レッドテープの国連には辟易するが、誰かがこれを打破して、効率的に機能させなければならない。

Ｍ君は私が帰国して何ヶ月か後、ＥＳＣＡＰのコンサルタントを契約が切れるとそのまま退任した。但し彼は本籍に戻らなかった。タイ国鉄支援のＪＩＣＡ専門家としてタイに残ることを要請され、引き続きタイに留まった。

タマリンドの長い陰を潜りながらタクシーがこちらに向かって来るのが見える。夕日が辺りを金色に染め始めていた。タクシーを止めて昔のように値段を交渉し、空港ホテルまで走らせた。タマリンドの並木を抜け、王宮の前を通り、車窓を横切るももたまなやちらほらと咲き始めた火炎樹の木立を眺めながら北に走った。

「助けの要る人、できる人、世の中、人間この二種類」

Ｍ君と時々、合言葉のように唱えていたこんな呪文が思い出された。それから、子供を思うと何故か優しくなれる、という彼の言葉も思い出した。

――Ｍ君。君は本当によく頑張った。そして君のお陰でとても充実した国連生活を送ることができた。途上国の仲間とともに、「コップン・クラップ（有難う）」の言葉をささげよう。

ラジオから季節はずれのロイクラトーンの歌が流れていた。

「タイでは強い火力を使うので遺灰は少ししか残りません。その遺灰はチャオプラヤ川に流します。従ってタイにはお墓も仏壇もありません」

Oホテルのロイクラトーンの祭に招待してくれたとき、M君がこう言ったのを思い出した。しかし、M君自身の納骨式は彼の説明とは異なっていた。

僧侶の読経とともに遺骨が取り出されると、親族や友人が順次遺骨に香り水を振りかけた。M君の夫人に促されて私も加わったが、ほんのりと甘い、品のいい香りが漂っていた。爽やかな香りと共に心地よく来世に旅立てるように、願いを込めるための儀式だそうである。

それから、遺骨はM君の御両親が持参した白磁の壺と夫人が用意した二つのベンジャロン（註1）の器に分けて納められた。白磁の壺は北海道の実家の墓地へ納骨されるそうだ。一方、金と赤が艶やかなベンジャロンの器に納められた遺骨は未亡人が持ち帰るのだという。私は、墓も仏壇も存在しないタイで一体どうするつもりだろうと不思議に思って、夫人に尋ねてみた。

「この一つは故人が好きだったプーケットの海に散骨してこようと思います。もう一方は私が死んだとき、私のものと一緒に、やはりプーケットの海に撒いてもらおうと思っています」

夫人はこう言って寂しく笑った。

私はピーピーアイランドの海を思い浮かべた。熱帯の瑠璃色の海、海面《うなも》を渡る風、光が網の目になって熱帯魚と戯れている珊瑚砂を敷きつめた海底で、彼は永久《とわ》の眠りに就くのだ。ロイクラトーンの歌が引き続き流れている。

十二月の満月の夜、私たちは男も女も、灯籠を流してロイクラトーンを踊る

ロイ、ロイ、ロイクラトーン

涙が止め処なく流れた。ロイ、ロイ、ロイクラトーン。私はラジオに合わせて口ずさんだ。

——さよなら、M君。でも、あの鉄道統計が続く限り、君はアジアの鉄道仲間の心の中に生きている。

## 2
## ソビエト中佐の死

中佐と最後に会ったのは二〇〇〇年三月のことだ。その頃、彼は私の後任として陸上交通課長のポストに就いていたが、七月には満六十歳を迎え、国連を定年退職することになっていた。

中佐から突然、東京へ出張してくるという連絡を受けたとき、彼と面識のあった当時の仲間に声

をかけた。都心の中華飯店に集まり、ラウンドテーブルを囲みながら旧交を温めて、みんなで中佐のハッピーリタイアメントを祝福したのだ。

久しぶりに会った中佐は柔和で、奥まった瞳からは人を刺すような光が消えていた。飴色の豊かな毛髪は色も形も定年を迎えるに相応しい様相を呈している。祖国の激動の歴史がそのまま彼の肉体に刻み込まれて、勇猛でエネルギッシュだった情報将校も年相応に老け、柔和になったと感じた。

一九九一年十二月ソビエトは劇的に崩壊した。同時に、中佐はGRU大佐という地位と権力を失った。彼はソビエトが構築した闇の監視網を牛耳ってきた一人であったが、ソビエト崩壊と同時にそのすべてを失った。彼は非力で平凡な一市民に成り下がったのだ。そのときの中佐の落胆は筆舌に尽くしがたいほどであったと想像される。

しかし、円卓を囲んだ中佐は常に笑顔を絶やさず、旧友との再会を心から楽しんでいるように見えた。元GRU大佐は心のひだを一切表に現さなかった。さすがは鍛え抜かれたかつての情報将校だ、と彼を送り出した後、仲間と感心したものである。

私は二〇〇五年から何度かバンコクを訪れた。幸いというべきか、妻がバンコク勤務になって、私は東南アジアの中心に都合の良い拠点を持つことになったからだ。

久しぶりに訪れたバンコクは時が流れた分だけ変貌していた。街の中心部を地下鉄が貫き、街路の上空をスカイトレイン（LRT）が走り始めていた。

我々の啓蒙が少しは役に立ったかと嬉しくなったものだが、下を走るスクムビット大通りは昔と変わらぬ大渋滞のままだ。アジアの大都市には小規模なＬＲＴでなく、重軌条システムを推奨してきたのに、残念ながら無視されたらしい。

バンコクを訪れるとき、必ずＥＳＣＡＰ時代の友人に声をかけた。昔の仲間と集い、タイ料理で一杯やりながら旧交を温めるひと時は楽しいものだった。もちろん、中佐にも必ず声をかけた。ところが、中佐は一度も顔を見せたことがなかったのだ。

声をかけるときはいつも彼の海外出張と重なるらしく、「会えずに誠に残念。次回に期待する」というメッセージが伝えられた。中佐は、タジキスタンやウズベキスタンなど、旧ソビエト連邦から独立した、新しいＥＳＣＡＰ加盟国に出かけているらしかった。

——多忙だということは結構なことだ。精神的にも肉体的にも充実している証拠だ。

私はそう思って、その都度、次の機会に期待したものである。

ところがある日突然、東京にいた私に宛てて中佐の訃報が届いた。私を驚かせたそのＥメールには、本年（二〇〇八年）三月十二日、バンコクにて逝去、死因は腸の癌、とあった。

私はにわかに信じることができなかった。中佐は国連を定年退職した後も、ロシア語のできるコンサルタントとしてＥＳＣＡＰで重宝がられ、忙しく活動しているとばかり思っていたからだ。

そこで友人とのＥメールに加え、バンコク訪問の機会を捉えて、中佐の生前の情報を集めてみた。ＥＳＣＡＰ運輸部にも顔をだして関係者と会ってみたのだ。

都合の良いことに部長室に座っていたのは旧知の英国人だった。妻子を祖国に残し、若いタイ女性と一緒になった旧海運部出身のＣ氏である。私がＥＳＣＡＰにいた頃は細々とプロジェクトベースの仕事を担当していた彼が、その後、国連の正規職員に昇格し、今やＥＳＣＡＰの大部長に出世していた。また一人、ジェネラリストの部長が増えたらしい。

さて、こうして得た中佐に関する情報は、あくまで噂であってその信憑性は確かめようもないが、どれも胸の痛む、悲しいものばかりだった。ソビエト崩壊後の諜報機関幹部の末路が、いかに苛酷で哀れなものか、思い知らされたのである。

一九九一年十二月、ソビエトが崩壊すると同時に中佐はＧＲＵ大佐という地位を失った。このことは同時に、ソビエト社会に属する人々が行動監視から解放されたことを意味した。つまり、これまで友人との交流も個人旅行もすべて事前の許可を必要とし、闇の監視を覚悟せねばならなかった彼らが、その恐怖から解放されたのだ。彼らも西側の人々と同様に自由を享受することになったのである。

しかし旧ソビエト社会の人々は暗い時代を忘れたわけではなかった。自由を享受するにつれて反対に、自由を奪い掟で縛った側への感情が憎悪の色合いをこめて膨らんでいった。そして次第に報復の形になって具体化していったのである。村八分はこうして生まれた。

中佐夫妻はもちろん報復される側にいた。異国での村八分、この精神的打撃は特に年老いた中佐夫人にとって大きかったと想像される。今まで親しかった人々は意図的に夫人を避け、彼女に近づかなくなった。夫は海外出張で不在勝ちなのに、相談相手はおろかおしゃべりの相手すら失ったのである。買い物も一人、レストランでの食事も一人になった。夫人にとってこんな孤独な外国生活が長く続くはずはなかった。あるとき、夫を残したまま彼女はバンコクを去った。一人娘のいる祖国に逃げ帰ったのだ。離婚の話が始まったのはその後だという。

夫人や一人娘を深く愛する中佐は離婚話に遅疑逡巡したはずである。

「三晩眠りなさい。三日経ってそれでも決心が変わらなかったらおやりなさい」

私に教えてくれた祖国の箴言通り、彼は熟考を重ねた。その結果、夫人の幸せのために離婚に応じることにしたという。中佐との縁が切れれば、夫人は村八分から解放され、平和で穏やかな老後の生活が保障される。彼はそう考えたに違いなかった。

離婚となると、離婚後の妻と娘の生活費を考えなければならなかった。ところが、中佐の懐事情は決して豊かでなかった。国連の給与は決していいとは言えない上に、ソビエト政府が、調整目的で、給与の何割かをぴんはねしていたからである。それに、ソビエトの掟に模範的に忠実な彼が、小銭を貯めているとはとても思えなかった。

そこで中佐は最後の砦である自分の国連年金に手を付けた。これを三人で分けることにしたのだ。彼はまず、年金の三分の二を取り崩し、一時金として受け取った。そして慰謝料として妻と娘に分け与えた。

一人になった老中佐はバンコクに留まり、三分の一に減った年金で生活することになった。物価の比較的廉いバンコクといえども、三分の一の年金生活は苦しかったと思われる。

中佐は生活のため、多少でも収入を得る必要があった。そこで、ＥＳＣＡＰに足を運び、頭を下げてコンサルタント業務を手に入れることにした。何度声をかけても会えなかった中佐の背景にはこんな事実があったと想像される。

彼にとって、労働は年金の補充のみならず、孤独からの解放を意味した。妻子に去られ、村八分にされた彼にとって、仕事に没頭すること以外、孤独から解放される方法は他になかったのだろう。

中佐は心臓疾患のため数年前からペースメーカーを入れていたそうである。医師から過労は慎むようにと忠告されていたとも聞いた。しかし、彼は働いた。孤独を忘れるために働いた。そして、体調不良を自覚しながら適切な処置を怠り、癌が発見されたときは既に手遅れだった。

二〇〇八年三月、元ソビエト情報将校は、家族にもタバリッシュ（同志）にも看取られることなく、異国で一人、孤独に世を去った。享年六十七歳であった。

華やかだったＧＲＵ大佐時代の中佐の雄姿が眼に浮かぶ。モスクワ空港の入国審査で四苦八苦中の私をＧＲＵのＩＤカードを見せて救いだしてくれた頼れる男、ワルシャワ行き特急に乗る私を気遣ってモスクワ駅までやってきた毛皮の帽子を被った男、バーン博士の一口話に笑いすぎて涙まで流していたマトリョーシカのように肥った男、こんな中佐を思いだしながら私は考えた。彼もまた東西冷戦時代の犠牲者だったのだ。

そして彼の死とともに、私の中の二十世紀が終焉した、とも考えた。

# 註

## まえがき

（註1）ＥＳＣＡＰとは「アジア太平洋経済社会委員会」のことでEconomic and Social Commission for Asia and the Pacificの略語。国連経済社会理事会の五つの地域委員会の一つで本部はバンコク。五三の加盟国と九の準加盟国を持ち、域内人口は世界人口のおよそ六〇パーセントを占める。「ＥＳＣＡＰは社会経済開発について加盟国政府に技術的な支援を与える。そのため、政府に対して直接の諮問サービスを行い、訓練や地域の経験を共有し、会議や刊行物、加盟国間のネットワークを通して情報を提供する。経済成長を刺激するような計画やプロジェクトを実施し、経済社会状況を改善し、近代社会の基礎造りを助ける」（『国際連合の基礎知識』、国際連合広報局、世界の動き社）。

（註2）ＪＩＣＡとは国際協力機構（旧国際協力事業団）という外務省所管の独立行政法人の一つ。Japan International Cooperation Agencyの略語。開発途上国への支援や技術協力、開発資金援助などを行なう。

（註3）望ましい職員数（desirable range）とは国連が分担金を基に算出した職員数のレンジのこと。一九九〇年国連総会資料によると一九八六年の日本人職員数九一名に対し、好ましい職員数は一五二～二〇六名とある。

## プロローグ

（註1）キングレコード、「Your Favorite Operatic Arias」の歌詞を参考に、原文（イタリア語）を意訳した。

### 第1章

（註1）アジア・太平洋の運輸通信の十年（Transport and Communication Decade for Asia and the Pacific, １９８５～１９９４年）はＥＳＣＡＰ域内発展途上国の運輸通信設備の重要性に鑑み、これを開発目標に加え、優先順位を高め、域内外に亘る効率的総合運輸通信網の開発推進を目的として一九八四年第四十回ＥＳＣＡＰ年次総会で所謂〝東京宣言〟として採択された（「アジア太平洋運輸通信報」No.57　国連ＥＳＣＡＰ）。

### 第5章

（註1）正式なプロジェクト名は「Development of a Standard Cost-effective Railway Electrification」。

### 第8章

（註1）英文は以下の通り。

The Commission noted that the Chief of the Transport, Communications and Tourism Division, Mr.E would be retiring shortly from United Nations services and expressed its appreciation of his services to the development of the transport and communications sectors of the countries in the region, as well as of his commendable contribution to the successful preparation for the Transport and Communications Decade for Asia and the Pacific,1985-1994.

### 第9章

（註1）途上国を支援する手法として次のような金言がある。

Give me a fish and I will eat today; teach me to fish and I will eat all my life.

これを訳せば「人に魚を与えれば、一日の糧となる。人に魚を捕ることを教えれば、一生食べていくことができる」だが、趣旨は「途上国を助けるためには施し物を与えるより技術移転を行ないなさい」である。この言葉はＮＨＫ英語講座（『実践ビジネス英語』二〇〇八年十二月）に使用されているくらい有名で、特に海外技術協力担当者にはよく知られている。

（註２）バンコク宣言一ページより抜粋

Keeping in view the endorsement by the Commission at its thirty-eighth session of the recommendation of the Committee on Shipping, and Transport and Communications at its fifth session that a programme/project should be set up within the secretariat to serve an Asia-Pacific railway cooperation group under ESCAP,…)

（註３）E/ESCAP/350 16 January 1984,ISSUES AND PROGRAMMES IN VARIOUS SIELDS OF ACTIVITY 一一ページ。

The Committee recommended that since APRCG was established within ESCAP and participating railways were nominated by the respective Governments, the report of APRCG should be submitted to the Commission annually. The Committee recommended that the ESCAP Transport, Communications and Tourism Division should play a pivotal role in APRCG's activities to ensure proper co-ordination of its work.

（註４）REGULATION1.1:Members of Secretariat are international civil servants. Their responsibilities are not national but exclusively international. By accepting appointment, they pledge themselves to discharge their functions and to regulate their conduct with the interests of the United Nations only in view.

（註５）メモの要約

一九八八年一月十一日

キプリア事務局長殿

ファイルNO.

ESCAPの杜撰な会議設営について

運輸通信観光部

部長代行　氏名

運輸通信観光部が昨年十二月十、十一日に第四回アジア鉄道協力グループ（APRCG）会議を、引き続き十四日から十八日まで第十一回運輸通信委員会（Committee）を開催したのはご承知のことと存じます。アジア鉄道協力グループ会議の審議経過は、引き続き開催された運輸通信委員会に報告されることになっておりました。そのことは、加盟国にお送りした「注釈つき議事次第」(Annotated Provisional Agenda) で、前もってお案内してありました。

（1）資金難につき印刷不許可

委員会初日、貴殿の開会挨拶が終わってコーヒーブレイクに入ったときでした。予算がないからAPRCG会議報告は印刷できないと、赤リボン女史の事務所から連絡を受けたのです。この連絡は、貴殿が開会挨拶の中で、「APRCG会議の審議経過が委員会に提出され、検討されることになる」と演説した直後でした。

この印刷拒否は次のような理由から、不可解としか言いようがありません。

まず、委員会で配布する資料一覧については期限内の九月上旬に提出を済ませています。この中に問題の「APRCG会議審議経過」も含まれており、女史は了解しています。

次に、先に述べた「注釈つき議事次第」の内容を審査し加盟国に事前送付したのはPCMOですが、この中にも「APRCG会議審議経過」が入っています。

運輸通信委員会は通常予算（RB）下の活動なのは周知の事実ですが、それにも拘らず予算支出が不可能だというのなら、予算編成時に我々に報告しておくべきです。

委員会の会期が以前より三日間短くなったため、より効率的に議事を進めなければならないのは、ＰＣＭＯもConference Servicesもよくご存じのはずです。今回、資料がなかったために、初日午後の「鉄道部門」の審議を、急遽、他の議題に変更しました。言うまでもないことですが、この突然の変更によって、会議は混乱しました。開会式の後、自分の議題の審議日程を確認して、会場を離れる参加者が結構いるからです。彼等にプログラムの変更を知らせるため、どの電話にも長い列ができたのはご想像の通りです。

会議が始まってから配布資料の印刷を拒否してくるとは、ＰＣＭＯのやり方は決して褒められたものではありません。それなら、「注釈つき議事次第」を受け付けた九月の時点で通知すべきではないか。理由をＰＣＭＯに伺って欲しいものです。

ＥＳＣＡＰの印刷費は、すでに数ヶ月前から赤字になっていて、その後、委員会を開催する度に悪化していると言われています。今回問題になっている資料は三四ページで一五〇セット、経費は八〇ドル位だそうです。これは累積赤字の額からみて僅かなものだそうです。この小さな出費を抑えるために、委員会は混乱し、事務局には不協和音が流れて、出席者に悪い印象を与えてしまいました。仮に一歩譲って、八〇ドルの出費抑制が正当視されるとしても、他にましな方法が幾らでもあったと思います。

何故このような軽率な指示が出されたのか、会議担当からは何の情報もありません。ただ赤リボン女史が印刷を拒否しているという情報だけで、後は不明です。従って、印刷予算の計画と管理が杜撰《ずさん》だったからと言うしかありません。

委員会の更なる混乱を避けるため、ＸＢ予算を流用して資料の印刷をすることにしました。それでも、資料が配布されたのは、鉄道部門の審議が終わった後でした。加盟国から非難を受けたのは言うまでもありません。

（2）ＡＰＲＣＧ会議資料の印刷も不許可

アジア鉄道協力グループの第四回会合を開催するにあたり、配布資料の印刷に関するＰＣＭＯへの必要な手続きは所定通り九月中旬に済ませました。

ＡＰＲＣＧ議長であるインド国鉄会長Ｒ・Ｋ・ジェイン氏と協議の上、会議の招待状は九月二十三日に加盟国に送付しました。

言うまでもないことですが、会議担当課からは会議場の確保など、全面的な協力をいただきました。しかし、会議資料の印刷に関する限り、約一月半が経過しても正式な情報は何一つありませんでした。そこで会議担当に接触してみると、ＰＣＭＯが反対しているので印刷に回せないという悲観的な情報が伝わってきました。

この後、直ちに行動を起こし、十一月六日、資料印刷について議論するため赤リボン女史と会いました。女史が反対する理由は以下のようです。

（ａ）一九八三年三月、鉄道担当大臣会議を開催してアジア鉄道協力グループを設立するため、キブリア事務局長が署名式を開催したが、これによってＡＰＲＣＧはＥＳＣＡＰのサブスタンティブな活動ではなくなったと見做されている。

（ｂ）国連が財政危機の折に、ＡＰＲＣＧのようなサブスタンティブでない活動には通常予算は支出できない。

（ｃ）（それではＸＢを使えと言うことかとの質問に対し）、ＰＣＭＯはＸＢの不正使用には反対する。

（ｄ）国連が財政危機の折に、ＡＰＲＣＧは不適当な活動だとＰＣＭＯは考える。

以上のような女史の主張に対して、我が部の反論を以下に要約します。

（ａ）ＡＰＲＣＧ会合は、一九八六－八七年度のＥＳＣＡＰ事業計画の中で通常予算（ＲＢ）の活動として記載されており、これを認可したのは他ならぬ女史である。またこの会議はＰＣＭＯが定期的にチェックしている年間会合計画（Calendar of Meetings）にも最初から登録されており、会議場の予約まで済ませている。一方で、このように積極的に協力しておきながら、もう一方では、公式な招待状が加盟国に発送されたのを見届けた後、会議資料は印刷させない、と急に言い出す。こんな首尾一貫しない管理を行なえば、加盟国は失望するだけである。

（b）一国の予算というものは、言うまでのないことだが、予算原案から最終案が国会を通過するまで大変なプロセスを踏むが、いったん通過すれば、細部に至るまで予算配分通り執行される。これはＥＳＣＡＰの途上国でも行なっていると思われるが、模範を示すべきＥＳＣＡＰが杜撰な予算執行を行なっているのは如何なものか。

（c）アジア鉄道協力グループがＥＳＣＡＰのサブスタンティブな活動ではない、しかも、署名式を挙行したからそうなったと聞いて驚いている。この会議は一九八三年の設立以来既に三回、通常予算の下に開催してきたではないか。

もしそれが事実なら、グループ活動に積極的に参加してきた加盟一七ヶ国も我々と同様、驚くと同時に失望するであろう。

この活動に、今後、一切通常予算を使わせないという見解なら、我が部に正式にお知らせ下さい。ＡＰＲＣＧ加盟国にその旨連絡するための、事務局長名（貴殿名）の手紙を立案せねばなりませんから。

鉄道分野で発展途上国を支援する国際機関はＥＳＣＡＰの他に存在しません。従って、アジア鉄道協力グループはＥＳＣＡＰの鉄道政府間会合などの活動と親密に協調して重要な役割を果たしてきました。それ故、ＥＳＣＡＰがＡＰＲＣＧにどのようなステータスを与えるかは、今後のＥＳＣＡＰの運輸部門支援方針に非常に影響します。この問題を早く解決する必要があるのはこのためです。

それにしても、今になって何故、ＰＣＭＯが一方的にこのようなやり方を選んだのか分かりません。それに何等事前の打ち合わせもなく、突然だったのも不可解です。我々が同じ組織で働いているのを忘れたのか、それとも女史の住む十五階が人里離れた所にあるのか……。

一つだけ申し上げておきます。貧しい途上国の参加者は、自国の発展のために必要な情報を手に入れようと、なけなしの金をはたいて会議に参加しているのだということを、ＥＳＣＡＰの中枢にある人は忘れないでいただきたい。（以下略）

**エピローグ**

（註１）ベンジャロンはタイの伝統的な磁器。その起源は十六世紀末から十七世紀初といわれ、名前は五色を意味する。実際現代のベンジャロンは金で縁どりされカラフルで豪華絢爛なものが一般的である。

## あとがき

国連ESCAPで働く日本人が急激に減少しているという。私が勤務していた運輸通信観光部の日本人は、最近定年退職した観光課長を最後にいなくなったらしい。つまり、正規の国連職員も鉄道統計やアジアハイウエイを担当していたJICA専門家も、日本人は一人残らずこの部から消えてしまったのだ。他の部署の日本人も似たり寄ったりだというから寂しい話である。穴の空いたポストは、韓国など海外技術協力に熱心な新興国が埋めているそうである。

最近の日本の若者は内向き志向だと新聞は書いている。ある統計（産業能率大）によれば、若者の二人に一人は海外で働きたいとは思わないのだそうである。

私の青春時代、憧れの的だった海外留学にもその傾向は現れている。例えば、日本からの米国留学生は一九九〇年には四・五万人いたが二〇〇九年には約二・五万人に減少した。これは増加を続ける中国（約一二万人）の五分の一、インド（約一〇万人）の四分の一という惨めな数字である。科学技術の先端をゆく研究分野についても同様で、「日本人の、海外に出て研究を深めるという積極性が薄らいでいる」と日本人ノーベル賞受賞者（二〇一〇年）は後継者の不足を嘆いている。

世界は今、グローバル化が進展し、物や情報の流れのみならず人の交流も国境を越えて拡大し続けているというのに、日本人だけは世界を避けて鎖国の方向を目指している。これは誠に困った現象である。

狭く痩せた国土に一億を超える民が住む日本。その日本が生きていくため、食料の六〇％以上、エネルギーの約九六％など、多くの物資を海外に依存していることはよく知られている。しかも、海外依存度の高い日本の礎は決して安定的なものではない。中国に希土類《レアアース》の輸出を止められただけで大騒ぎになったのは記憶に新しい。もしこれがエネルギーか主要食品だったら、と想像するだけでことの深刻さが分かるはずだ。

確かに日本は天然資源に乏しい国である。しかし、悲観する必要はない。我が国には勤勉な人的資源が豊富に存在することを忘れてはならない。日本はその人的資源で世界に貢献すべきなのだ。

そのため我が国は、海外留学を国策として奨励し、国際感覚を身に付けた若者を増やすべきである。また、研究者の国際交流を積極的に進めて、革新的技術に寄与する技術者や研究者の育成を図るべきである。

そして更に重要な施策は、技術移転を目指した途上国など諸外国との人的交流の促進である。発展途上国は経済成長をうながすような技術支援の一環としての人的交流を求めている。日本からの専門家の受け入れも、日本への研修生の派遣も大歓迎なのだ。

勿論ＪＩＣＡがその役割を果たしていることは承知している。しかし、鉄道を例にとれば、かつて（国鉄時代）多くの途上国に技術者を派遣していたのに今では見る影もない。残念ながら減少の一途をたどっているのが実情だ。

そこで、国鉄民営化後ＪＲ各社はそれぞれ身の丈に合わせた海外技術協力を開始した。技術移転のため、途上国からの研修生を受け入れたり、専門家を派遣する活動を独自に始めたのである。そして、スケールは小さいものの、民間人による草の根の技術協力は教師と教え子の枠を超えて友情を育み、交流は発展的に続いている。

Ｍ君や私が国連ＥＳＣＡＰを通じて途上国の沢山の人々と信頼関係を構築したことは本文で触れた。バイ（二国間）であれ、マルチ（多国相手）であれ、また鉄道であれ他の種々の分野であれ、広い意味での技術協力が人と人との信頼関係を育むことには変わりはない。こうして育んだ信頼関係はやがて技術輸出や製品輸出に繋がることもある。そして更に重要なことは日本との信頼関係が発展して、やがて国の世論となりその国まで動かすことだ。沢山の国での活動なら、それは世界的世論を育むことになるだろう。世界的な世論を味方につけていればどれほど心強いかは述べるまでもない。

資源に乏しい日本が、必要物資を確保し国を安定的に維持していくためには、諸外国との質的、量的に豊かな人的交流を通じて強い信頼関係を構築しておくこと以外にないだろう。内向きなどになっていられないのだ。

途上国に送り出す有能な専門家を募るため、インセンティヴとなるような優遇措置を講じている国の話を幾つか聞いたことがある。日本も内向き志向の若者の目を海外に向けるために、またＪＩ

ＣＡ専門家など技術協力に携わる優秀な技術者を数多く募るために、施策として魅力的な優遇措置を講じてもいいのではないか。日本にとって、諸外国との人的交流と信頼関係の構築は、それほどに重要な国策だと考えている。

最後に、本書の出版にあたり、草稿の段階でご意見をいただいたＭ君のご親族（ご意見を尊重し呼称をＭ君に統一した）、国連時代の事柄でご意見をいただいた元国連職員の和田吉男氏及び元国連ＪＩＣＡ専門家の植松英明氏、タイ文化に関しご助言をいただいた元タイ国政府ＪＩＣＡ専門家の大野正道氏、また、細部に亘りご指導、ご支援下さった服部滋氏初めウェッジ社の皆さまに心より感謝申し上げる。

二〇一一年一月

田中宏昌

【著者略歴】

## 田中宏昌（たなか・ひろまさ）

鉄道エンジニア、工学博士。1939年広島県呉市生まれ。1963年東京大学工学部卒業。同年、日本国有鉄道に入社。東京第一工事局次長、構造物設計事務所次長を経て1984年国連ESCAP運輸通信観光部鉄道課長。1990年帰国後、東海旅客鉄道に入社。取締役関連事業本部長、専務取締役新幹線鉄道事業本部長、代表取締役副社長を歴任。2002年より顧問として台湾高速鉄道プロジェクト技術指導。2010年より非常勤顧問。

「国連運輸部鉄道課」の不思議な人々
——鉄道エンジニアの国連奮戦記——

2011年2月25日　第1刷発行
2011年4月25日　第2刷発行

著者
田中宏昌

発行者
布施知章

発行所
株式会社ウェッジ
〒101-0052
東京都千代田区神田小川町１－３－１
ＮＢＦ小川町ビルディング３Ｆ
電話：03-5280-0528　FAX：03-5217-2661
http://www.wedge.co.jp/ 振替 00160-2-410636

装画
金 斗鉉

ブックデザイン
関原直子

ＤＴＰ組版
株式会社リリーフ・システムズ

印刷・製本所
図書印刷株式会社

※定価はカバーに表示してあります。ISBN978-4-86310-081-7 C0095